CHICO BUARQUE
A TRANSGRESSÃO EM TRÊS CANÇÕES

CONSELHO EDITORIAL

Aurora Fornoni Bernardini – Beatriz Muyagar Kühl – Gustavo Piqueira
João Angelo Oliva Neto – José de Paula Ramos Jr. – Lincoln Secco – Luís Bueno
Luiz Tatit – Marcelino Freire – Marco Lucchesi – Marcus Vinicius Mazzari
Marisa Midori Deaecto – Paulo Franchetti – Solange Fiuza – Vagner Camilo
Walnice Nogueira Galvão – Wander Melo Miranda

Chico Buarque
A Transgressão em Três Canções

Eduardo Calbucci

Copyright © 2024 by Eduardo Calbucci
Direitos reservados e protegidos pela Lei 9.610 de 19.02.1998.
É proibida a reprodução total ou parcial sem autorização,
por escrito, da editora.

Dados Internacionais de Catalogação na Publicação (CIP)
(Câmara Brasileira do Livro, SP, Brasil)

Calbucci, Eduardo
  Chico Buarque: A Transgressão em Três Canções / Eduardo
Calbucci. – Cotia, SP : Ateliê Editorial, 2024.

  ISBN 978-65-5580-140-8

  1. Buarque, Chico. (1944-) – Canções 2. Música – Semiótica
3. Música popular – Brasil – História e Crítica I. Título.

24-213515   CDD-781.63

Índices para catálogo sistemático:

1. Semiótica e música   781.63

Cibele Maria Dias – Bibliotecária – CRB-8/9427

Direitos reservados à
Ateliê Editorial
Estrada da Aldeia de Carapicuíba, 897
06709-300 – Cotia – SP – Brasil
Tel.: (11) 4702-5915
www.atelie.com.br contato@atelie.com.br
⬛ /atelieeditorial blog.atelie.com.br

Foi feito depósito legal

Impresso no Brasil 2024

À Karina,
que me deu uma Elisa,
para que eu também
pudesse ter em casa
As Minhas Meninas.

*Acho que quando a nossa geração tiver
que fazer um balanço dos seus merecimentos e misérias
para ser julgada, poderemos todos usar esta credencial:
fomos contemporâneos do Chico Buarque.
E exigir tratamento especial.*

LUIS FERNANDO VERISSIMO

Sumário

Explicações e Agradecimentos	15
1. Semiótica e Canção Popular	17
1. Introdução	17
2. Nossos Objetivos	20
3. Uma Questão de Ordem	27
2. O Problema da Transgressão	29
1. Greimas e a Primeira Definição de Transgressão	29
2. Primeiras Implicações do Conceito de Transgressão	32
3. A Transgressão e sua Base Narrativa	43
4. A Transgressão numa Perspectiva Passional	51
5. A Transgressão e a Questão do Outro	57
3. *Mar e Lua*	63
1. O Amor Proibido – o Espaço da Transgressão	63
2. O Amor Urgente – Paixões e Modalizações	70

CHICO BUARQUE – A TRANSGRESSÃO EM TRÊS CANÇÕES

3. O Amor Serenado – a Instância da Enunciação 80
4. O Mar e a Lua – "Verdadeira Medalha de Duas Faces" 90
5. A Melodia – Para Não Dizer que Não Falei das Canções 94
6. O Fingimento do Cancionista – Limites da Interpretação 100

4. *Uma Canção Desnaturada* 107
1. O Amor Materno – um Problema de Tensividade 107
2. Um Corpo Desnaturado – a Transgressão Virtualizada 115
3. As Astúcias de uma Canção - o "Futuro do Passado" 126
4. O Grão da Voz – a Questão da Manifestação 135
5. Temas e Paixões – a Hora e Vez da Melodia 139
6. O Contexto – uma Questão Polêmica 148

5. *Não Sonho Mais* 163
1. A Interpretação dos Sonhos – um Mistério Tensivo 163
2. Um Pesadelo Desejado – a Hipótese de Vingança 168
3. O Sonho Enunciado – uma Estratégia Argumentativa 175
4. O Plano da Expressão – Ritmo, Arranjo e Função Poética 188
5. *Samba de uma Nota Só* – a Previsibilidade Melódica 192
6. Música e Cinema – a Vingança Realizada 200

6. À Guisa de Conclusão 207
1. Disseminação e Recolha 207
2. Transgressão e Canção Popular 210
3. *Mar e Lua* 217
4. *Uma Canção Desnaturada* 219
5. *Não Sonho Mais* 223
6. Palavras Finais 226

SUMÁRIO

APÊNDICE – LETRAS E ESQUEMAS MELÓDICOS
DAS CANÇÕES ANALISADAS 229
1. *Mar e Lua* 229
2. *Uma Canção Desnaturada* 235
3. *Não Sonho Mais* 241

REFERÊNCIAS BIBLIOGRÁFICAS 249

Explicações e Agradecimentos

Este trabalho nasceu, em 2003, como uma dissertação apresentada ao Programa de Pós-Graduação em Semiótica e Linguística Geral do Departamento de Linguística da Faculdade de Filosofia, Letras e Ciências Humanas da Universidade de São Paulo. Por motivos que eu não saberia bem explicar, o texto nunca foi publicado para além dos muros da academia.

Talvez eu estivesse, ainda que intuitivamente, obedecendo a Horácio, para quem, como *nescit vox missa reverti*, o escritor deveria submeter seus textos a um crítico confiável, guardá-los até o nono ano e só depois publicá-los. Acabei esperando um pouco mais e, com os oitenta anos de Chico Buarque, veio-me a convicção de que minhas análises semióticas tinham sobrevivido ao crivo do tempo. Fiz alguns acréscimos, muitas atualizações, poucas supressões, e o resultado final é este, que me agradou.

A verdade é que tive muitos críticos confiáveis para me ajudar. O primeiro deles foi Luiz Tatit, que soube orientar este trabalho com rigor e serenidade, com bossa e cadência, corrigindo as even-

CHICO BUARQUE – A TRANSGRESSÃO EM TRÊS CANÇÕES

tuais falhas e mostrando que mesmo os acertos podem sempre ser mais efetivos.

Em seguida, vieram José Luiz Fiorin, o maior intelectual que conheci em minha vida, e Francisco Platão Savioli, cuja generosidade intelectual e cujo prazer pelo trabalho com as palavras sempre me estimularam. Ambos influenciaram decisivamente minhas escolhas acadêmicas e profissionais.

Não posso deixar de citar Norma Discini e Diana Luz Pessoa de Barros, que souberam dividir comigo, com franqueza e simpatia, tantos ensinamentos. Valdir do Nascimento Flores, Claude Zilberberg, Antônio Vicente Seraphim Pietroforte e Ivã Carlos Lopes também não podem ser esquecidos.

Para chegar a este resultado, também contei com a ajuda de muitos amigos professores, que foram meus grandes interlocutores ao longo dos últimos trinta anos: Luciana Migliaccio, Aníbal Telles, Fernando Marcílio, Ian Oliver, José de Paula Ramos, Jucenir Rocha, Maurício Soares, Celso Lopes, Marcelo Rodrigues, Ronaldo Carrilho, Paulo Oliveira, Augusto Silva, Renan Miranda e, principalmente, meus comparsas Henrique Braga e Paulo César de Carvalho.

Por fim, agradeço a toda minha família o apoio incondicional. E um agradecimento especial a meu irmão, violonista exemplar, cujos conhecimentos musicais me foram imprescindíveis.

1. Semiótica e Canção Popular

1. Introdução

Este trabalho consiste em analisar, em sentido amplo, o processo de construção do sentido em canções populares brasileiras, tomando como referência principalmente os modelos propostos pela Semiótica de origem francesa.

Reconhecendo a importância dos elementos passionais presentes nas produções artísticas humanas, a ideia é harmonizá-los com as exigências objetivas do modelo teórico semiótico desenvolvido para a análise textual. Quem sabe assim o trabalho pode dar sua parcela de contribuição na tentativa de rebater as vozes que veem a Semiótica como uma camisa de força, que adota uma postura demasiado reducionista em relação aos objetos de análise. Ao incorporar uma dose da instabilidade presente nas canções, pretendemos mostrar que é possível compatibilizar o rigor teórico à amplitude passional dos objetos analisados.

Além disso, reconhecendo a importância que a linguagem da canção vem atingindo nos últimos tempos, faz-se cada vez mais

CHICO BUARQUE – A TRANSGRESSÃO EM TRÊS CANÇÕES

necessário concentrar esforços para estabelecer, de acordo com as particularidades envolvidas nos processos musicais da canção, novas sugestões para fundamentar o modelo de uma Semiótica da canção.

Não seria absurdo, aliás, pensar que a canção adquiriu, desde a primeira metade do século XX, uma importância singular no cenário cultural brasileiro e mundial. Não apenas pela popularidade conseguida, mas também pela qualidade estética alcançada, a canção passou a ocupar um espaço que antes era quase que exclusivamente de poemas, contos ou romances. Com isso, aumenta a necessidade de analisar as especificidades do processo de construção de sentido nas canções que, para além da questão da letra (que pode ser estudada de acordo com os procedimentos de análise dos textos verbais como um todo e, mais especificamente, dos textos literários), exigem uma atenção especial para a melodia, para a harmonia e para o arranjo, pois, se é inegável que esses elementos têm um grande peso para o significado final de uma canção, é igualmente inegável que é preciso criar métodos adequados para analisá-los.

Nosso *corpus* da análise é formado por três canções de Chico Buarque de Holanda, todas elas mantendo entre si uma relação de interdiscursividade. As canções escolhidas são: *Uma Canção Desnaturada* (ÓPERA DO MALANDRO, 1979), *Mar e Lua* (VIDA, 1980) e *Não Sonho Mais* (VIDA, 1980).

Todas essas canções possuem um tema em comum: a transgressão. Quando, no ensaio "O Jogo das Restrições Semióticas", Greimas e Rastier definiram a transgressão como "a conjunção entre a cultura individual e a natureza social"[1], eles deram os sub-

---

1. Algirdas Julien Greimas, *Du Sens*, p. 150.

SEMIÓTICA E CANÇÃO POPULAR

sídios iniciais para este trabalho. De fato, são inúmeros os textos que apresentam actantes que desejam aquilo que a sociedade, como ente coletivo, não costuma aceitar ou valorizar: define-se aí o *espaço da transgressão*. Nas canções analisadas, temos claramente esse *espaço da transgressão*: em *Uma Canção Desnaturada*, a negligência materna e a vingança; em *Mar e Lua*, a homossexualidade; em *Não Sonho Mais*, a vingança e a crueldade.

A escolha de canções de Chico Buarque nasceu sobretudo da hipótese de que uma análise é tanto mais rentável quanto mais refinada é a criação estética. Mesmo lembrando que Greimas analisou semioticamente uma receita de sopa[2], sabemos que isso é mais a exceção do que a regra. É mais comum e frutífero o analista trabalhar com Guimarães Rosa do que com Humberto de Campos. E não temos aí um problema de julgamento artístico (o que, aliás, não interessa nem para a Semiótica nem para esta pesquisa), e sim uma questão bastante objetiva: objetos estéticos que condensam sutilezas conteudísticas e requintes no plano da expressão costumam render mais para a análise do que outras que não os condensam. Como é consenso que as canções de Chico Buarque apresentam essas sutilezas e esses requintes, optamos por analisá-las.

Um dos motivos que levou à escolha específica dessas três canções, além do gosto pessoal do analista, foi o fato de elas terem sido compostas num dos períodos mais criativos da carreira de Chico. Em 1979, com o lançamento do disco da peça teatral ÓPERA DO MALANDRO, Chico Buarque se consagrava como um dos maiores compositores brasileiros. Sua carreira, iniciada em meados da década de 1960 e, até então, influenciada decisivamente pela ditadura militar, encontrava a maturidade nas canções

---

2. Algirdas Julien Greimas, *Du Sens II*, pp. 157-169.

CHICO BUARQUE – A TRANSGRESSÃO EM TRÊS CANÇÕES

da ÓPERA, adaptadas alguns anos mais tarde para o cinema. No ano seguinte, Chico mantinha o alto nível de elaboração de suas composições com o LP VIDA, que incluía sucessos como *Deixe a Menina, Fantasia, Morena de Angola, Eu Te Amo* (parceria com Tom Jobim) e *Bye Bye, Brasil* (com Roberto Menescal). O biênio 1979-1980 marcou, de fato, um dos períodos mais inventivos da vida musical de Chico Buarque.

Assim, embora as três canções aqui estudadas não sejam das mais conhecidas, elas marcam um momento bastante feliz da carreira de um dos grandes nomes da música brasileira de todos os tempos. A opção por analisá-las também se justifica pela certeza de que o estudo sistematizado de certos objetos artísticos pode fazer com que eles passem a ser mais valorizados.

2. NOSSOS OBJETIVOS

A delimitação dos três níveis do percurso gerativo – fundamental, narrativo e discursivo – foi, sem dúvida alguma, uma grande conquista teórica da Semiótica. A ideia de *percurso* na produção do sentido originou uma sólida base epistemológica, capaz de mostrar, ao menos em parte, *como os discursos dizem o que dizem*.

Dos três níveis propostos pelo grupo greimasiano de pesquisa, o narrativo, em princípio, foi o que mais se desenvolveu. A sintaxe narrativa, a partir das formulações proppianas, permitiu o estudo de programas, percursos e esquemas narrativos não apenas nos contos maravilhosos, mas em quaisquer textos. Os trabalhos tratavam, inicialmente, da modalidade do /fazer/. Quando a modalidade do /ser/ começou a ser estudada, complexificou-se a análise narrativa, principalmente na abordagem dos efeitos passionais. O grande salto nas pesquisas sobre o nível narrativo deu-se com a publicação de *Semiótica das Paixões*, por Greimas e Fontanille, em 1991.

Em relação ao nível discursivo, após a sistematização do funcionamento do aparelho formal da enunciação dos textos verbais (o que corresponde à sintaxe discursiva) e o estudo dos percursos temáticos e figurativos e das isotopias produzidas por eles (o que corresponde à semântica discursiva), muitos pesquisadores passaram a incorporar conceitos de outras áreas afins da Linguística, com a intenção de delimitar, com mais precisão, como a enunciação se projeta sobre o enunciado. Foi assim que alguns semioticistas fizeram esforços para incorporar ao nível discursivo algumas noções teóricas, emprestadas principalmente da Análise do Discurso, como a intertextualidade, a interdiscursividade, o *éthos*, a argumentação, o pacto fiduciário entre enunciador e enunciatário, a polifonia, o dialogismo, o estilo, a dêixis discursiva. Essa postura – da mesma forma que as paixões para o nível narrativo – colocou cada vez mais problemas teóricos para os analistas.

Por fim, dos três níveis do percurso gerativo de sentido, o que mais passou por reestruturações foi o nível fundamental. Os universais semânticos *vida* e *morte*, para os universos individuais, ou *cultura* e *natureza*, para os universos coletivos[3] (estes últimos muito influenciados pela obra antropológica de Lévi-Strauss), por estarem muito carregados de conotações lexicais, mostraram-se insuficientes para certas análises, principalmente para aquelas que necessitavam de abstrações maiores. A categoria tímica e, depois, a foria começaram a promover esse "mergulho" em direção às abstrações que pudessem dar conta de explicar a partir de onde e como se constitui o sentido.

---

3. Esses microuniversos manipulavam categorias muito gerais, apreendidas pelo quadrado semiótico (cf. Claude Zilberberg, *Razão e Poética do Sentido*, p. 97).

CHICO BUARQUE – A TRANSGRESSÃO EM TRÊS CANÇÕES

Quando Valéry, numa de suas muitas formulações poético--teóricas, afirmou que tudo começa com uma interrupção, ele, de certo modo, sugeriu um grau de abstração que poderia ser – e foi – aproveitado pelas pesquisas linguísticas. Anterior à articulação do sentido, seria possível imaginar a existência de um *continuum* que, por si só, seria sem direção. Seria, pois, uma ruptura, um sobressalto, uma descontinuidade que originaria o sentido.

Essa ideia, aparentemente desconexa da reflexão semiótica, aponta o caminho trilhado pelos pesquisadores que se debruçaram sobre as possibilidades de sistematizar os fluxos fóricos do nível fundamental. Antes de o sentido converter-se em discurso, seria necessário imaginar precondições à sua articulação. Essas precondições – que corresponderiam ao nível máximo da abstração – seriam concretizadas em cada um dos níveis do percurso gerativo, até chegarem à superfície textual e realizarem-se sob a forma de discurso. De um *continuum* fórico pressuposto se atingiria o estágio da discursivização.

Mas esse caminho teórico entre os universais semânticos propostos pela Semiótica nos anos 1970 e a pressuposição – necessária, em nome da coerência epistemológica – da existência desse *continuum* fórico foi bastante árduo.

Já no início dos anos 1980, Claude Zilberberg começou a desenvolver, em *Essai sur les Modalites Tensives* (1981), o conceito de tensividade[4] (que se transformou, ao longo dos últimos quarenta anos, numa das grandes inovações da metalinguagem semiótica). Zilberberg, ao tratar do conceito de intencionalidade, fala sobre a foria (organizada em euforia e disforia), a aspectualidade (estruturada em incoatividade e terminatividade), a formalidade (que

---

4. No primeiro *Dicionário de Semiótica*, há um pequeno verbete sobre a "tensividade", que é definida sumariamente como o efeito produzido pela "duração" de um processo.

correponderia às duas maneiras de operar a junção: conjunção e disjunção) e a tensividade (que se desdobraria em tensão e relaxamento). A tensividade seria uma espécie de desenvolvimento – em direção a uma abstração maior ainda – da foria.

No verbete "tensividade" de *Sémiotique: Dictionaire Raisonné de la Théorie du Language II*, de 1986, assinado por Zilberberg, apresenta-se um quadrado semiótico da tensividade, em que, no eixo complexo, teríamos a *retenção* e a *eutensão* e, no eixo neutro, a *contenção* e a *distensão*. Nesse verbete, reconhece-se, ao mesmo tempo, a importância do conceito de tensividade e a dificuldade de encontrar uma terminologia precisa para estudá-lo. Talvez por esse motivo Zilberberg tenha sugerido certos conceitos e, depois, tenha-os abandonado. Foi o que aconteceu, por exemplo, com o *fazer missivo* (que se estruturaria nos termos *emissivo* e *remissivo*), estudado em uma boa parte de *Raison e Poétique du Sens* (1988) e, depois, deixado de lado[5].

De qualquer modo, esse breve relato de algumas das pesquisas de Zilberberg, o principal estudioso da tensividade na Semiótica, mostrar que, no desejo de encontrar saídas teóricas para os problemas suscitados pelas análises que necessitavam de abstrações maiores do que as propostas pelos universais semânticos do nível fundamental propostos por Greimas, a Semiótica acabou desenvolvendo uma ampla metalinguagem para o estudo da tensividade. Essa metalinguagem é que constitui o que conhecemos por *Semiótica tensiva*.

Se, como dizia Saussure, o ponto de vista cria o objeto, a Semiótica tensiva não surgiu como uma reação, como uma dissidência,

---

5. "Embora não tenha prosperado na arquitetura geral da teoria tensiva elaborada pelo autor, a proposta missiva tem tudo para ser retomada oportunamente" (Luiz Tatit, *Passos da Semiótica Tensiva*, p. 18).

CHICO BUARQUE – A TRANSGRESSÃO EM TRÊS CANÇÕES

como uma proposta de substituição da Semiótica "clássica", de inspiração greimasiana; na verdade, enquanto esta seria

[...] mais binarista, logicista, acrônica, mal concedendo lugar ao sensível; [...] [aquela seria] mais uma semiótica das paixões, da intensidade, preferindo a dependência e a complexidade às diferenças meramente binárias[6].

É inegável que o que chamamos de Semiótica tensiva originou-se da Semiótica "clássica". O que mudou foi o ponto de vista[7]. Aliás, em *Tensão e Significação*, Fontanille e Zilberberg procuram sistematizar os conceitos ligados, de alguma forma, à Semiótica tensiva. Segundo os semioticistas,

[...] este trabalho procura situá-la, ao mesmo tempo em que se situa a si próprio: situá-la e situar-se como uma das semióticas possíveis, no seio de uma semiótica geral ainda por construir[8].

Isso lembra, mais uma vez, Saussure. No *Curso de Linguística Geral*, o linguista genebrino diz que uma das tarefas da Linguística "será delimitar-se e definir-se a si própria"[9].

Assim, um dos objetivos da Semiótica e, por extensão, da Semiótica tensiva é justamente a de situar-se teórica e metodologicamente. Essa constante busca pela (auto)definição, por um lado, obedece ao princípio de que, no discurso científico, nada é absoluto e que, por isso, toda disciplina deve procurar continuamente

6. Jacques Fontanille & Claude Zilberberg, *Tensão e Significação*, p. 11.
7. Logo na abertura de *Tensão e Significação* (p. 9), Jacques Fontanille e Claude Zilberberg afirmam: "Este livro tenta comparar certas propostas teóricas e metodológicas ligadas de perto ou de longe à semiótica tensiva [...]. Por conseguinte, compreende algumas escolhas iniciais que definem um ponto de vista: ponto de vista da complexidade, da tensividade, da afetividade, da percepção".
8. *Idem, ibidem*.
9. Ferdinand de Saussure, *Curso de Linguística Geral*, p. 13.

SEMIÓTICA E CANÇÃO POPULAR

delimitar-se, mas, por outro, funciona como um complicador para o analista, que muitas vezes é obrigado a operar com um aparato conceitual sempre em desenvolvimento. Paradoxo insolúvel esse. Em resumo, o que Claude Zilberberg fez nas últimas décadas foi

[...] procurar o ritmo, o tempo, o afeto, o acento e demais concepções tensivas no âmago da própria estrutura. Para tanto, mobilizou outras frentes de compreensão das obras do mais importante trio (Saussure, Hjelmslev e Greimas) que deu origem à semiótica, além de integrar a esse pequeno contingente alguns filósofos (Gaston Bachelard, Ernst Cassirer etc.), poetas-pensadores, como Paul Valéry, e até um historiador das Artes, como Heirich Wölfflin, por já ter examinado com critérios tensivos a evolução da pintura ocidental[10].

O fato é que o desenvolvimento do percurso gerativo de sentido na Semiótica francesa tradicional, além das inovações do modelo da tensividade, contribuiu para tornar ultrapassadas algumas abordagens interpretativas que, a despeito de uma aparência científica, sempre foram marcadas por uma boa dose de "impressionismo". Tratando disso em sua famosa obra de introdução à teoria literária, Terry Eagleton é certeiro, ao mostrar que a Semiótica e os trabalhos estruturalistas como um todo representam

[...] uma *impiedosa desmistificação* da literatura. Depois de Greimas e Genette, é mais difícil ouvirmos os golpes e arremetidas de floretes da terceira linha, ou acharmos que sabemos o que é sentir-se um espantalho depois de ler *The Hollow Men*. As observações frouxamente subjetivas foram castigadas por uma crítica que reconhecia ser a obra literária um *construto*, cujos mecanismos poderiam ser classificados e analisados como os objetos de qualquer ciência. O preconceito romântico de que o poema, como uma pessoa, abrigava uma essência vital, uma alma com a qual era descortês se

10. Luiz Tatit, *Passos da Semiótica Tensiva*, pp. 12-13.

CHICO BUARQUE – A TRANSGRESSÃO EM TRÊS CANÇÕES

intrometer, foi rudemente desmascarado como uma manifestação de teologia disfarçada, um medo supersticioso da investigação racional, que transformava a literatura num fetiche e fortalecia a autoridade de uma elite "naturalmente" crítica e sensível[11].

De um lado, isso abriu novas perspectivas para os estudos da linguagem, mas, por outro, colocou problemas teóricos cada vez mais complexos, principalmente quando se trata de objetos de análise como a canção popular. A Semiótica da canção, por exemplo, nasceu da impossibilidade de o percurso gerativo de sentido proposto por Greimas dar conta de explicar as múltiplas relações que o cancionista estabelece entre letra e melodia, de maneira que se tornou necessário propor uma nova metalinguagem para a análise da canção.

Assim, nosso grande objetivo é dar uma parcela de contribuição para os estudos semióticos, analisando como a transgressão se realiza nas canções de Chico Buarque: o plano da letra será estudado de maneira detalhada; já o plano da melodia será analisado pelo menos em seus aspectos mais importantes.

Num nível mais específico, queremos demonstrar que o conceito de transgressão proposto por Greimas e Rastier poderia ter sido mais desenvolvido. Nos dois *Dicionários de Semiótica*, Greimas e Courtés quase não aludem ao problema da transgressão. Parece que esse conceito ficou envelhecido com os novos trabalhos publicados na área: assim como a dicotomia *cultura* e *natureza* foi dando espaço a abstrações cada vez maiores, a transgressão parece que ficou relegada a um espaço teórico considerado ultrapassado. No entanto, por engendrar uma questão que nos parece relevante – a do conflito entre os desejos do indivíduo e as imposições do

---

11. Terry Eagleton, *Teoria da Literatura: uma Introdução*, p. 160.

SEMIÓTICA E CANÇÃO POPULAR

meio social –, o conceito de transgressão pode render bons frutos. Sua definição pode ser ampliada e, mais do que isso, parece ser possível definir a transgressão como um tema que se repete nas três canções analisadas. Acrescente-se a isso a certeza de que a transgressão ainda pode ser estudada numa perspectiva fórica, tensiva, narrativa, passional e social (com isso, uma ideia que parecia presa aos primórdios da Semiótica, no começo dos anos 1970, passa a vincular-se a algumas ideias mais recentes associadas ao modelo semiótico). Desse modo, pretendemos também – e talvez seja esse nosso objetivo mais ousado – redefinir o conceito de transgressão, ampliando assim seu alcance, e dar três exemplos de como ela se realiza.

3. UMA QUESTÃO DE ORDEM

Este trabalho é composto por seis capítulos, contando este, que funciona como uma introdução. O próximo é uma tentativa de (re) definir a transgressão. O terceiro, o quarto e o quinto capítulos são as análises propriamente ditas das canções. Cada capítulo é sobre uma canção. O sexto procura completar a abordagem teórica feita sobre a transgressão no segundo capítulo. A ordem de apresentação das análises das canções é: *Mar e Lua, Uma Canção Desnaturada* e, por fim, *Não Sonho Mais*.

Os capítulos de análise das canções são subdivididos em seis partes. As três primeiras seguem, dentro do possível, o percurso gerativo de sentido: nível fundamental (englobando as questões tensivas), nível narrativo e nível discursivo. Os três níveis estarão subordinados, sempre, à instância da enunciação. A opção pela manutenção do percurso gerativo de sentido, que tem recebido críticas de alguns estudiosos, é facilmente justificável: após todas

CHICO BUARQUE – A TRANSGRESSÃO EM TRÊS CANÇÕES

as conquistas dos estudos de Greimas, seria um desperdício abrir mão de um modelo de análise tão rigoroso. É claro que é possível aperfeiçoá-lo, mas não nos parece sensato desconsiderá-lo. A quarta parte versa sobre o plano da expressão, isto é, sobre o nível da manifestação. A quinta é uma pequena análise melódica da canção e, ao mesmo tempo, a descrição de alguns pontos de conexão entre letra e melodia. A sexta parte aborda algumas questões sobre o contexto de origem de cada canção.

A base teórica da pesquisa, como dissemos, é a Semiótica de linha francesa, principalmente as obras de Algirdas Julien Greimas, que estabeleceram os primeiros paradigmas semióticos. Também recorremos aos estudos de seus parceiros: François Rastier, Jacques Fontanille e Joseph Courtés. As reformulações ao modelo greimasiano sugeridas por Claude Zilberberg também têm grande importância bibliográfica.

No âmbito da canção, os trabalhos de José Miguel Wisnik e, principalmente, de Luiz Tatit são tomados como referências metodológicas de análise.

A pesquisa também recorre aos estudos semióticos de Diana Luz Pessoa de Barros, Eric Landowski e José Luiz Fiorin, dos modelos linguísticos propostos por Émile Benveniste, Ferdinand de Saussure, Louis Hjelmslev e Roman Jakobson, das propostas filosóficas de Gaston Bachelard e das obras "polifônicas" de Mikhail Bakhtin, Umberto Eco e Roland Barthes.

2. O Problema da Transgressão

1. Greimas e a Primeira Definição de Transgressão

Como dissemos no capítulo inicial, Greimas e Rastier, em "O Jogo das Restrições Semióticas"[1], ensaiaram uma primeira definição de transgressão. Para chegar a ela, os semioticistas apresentaram, inicialmente, o quadrado semiótico com o modelo social das relações sexuais na sociedade tradicional francesa, de acordo com os valores de 1970. Nesse quadrado, os amores conjugais representam as relações sexuais prescritas; o incesto e a homossexualidade[2], as relações interditas; o adultério feminino,

---

1. Algirdas Julien Greimas, *Du Sens*, pp. 135-155.
2. É preciso fazer a ressalva de que, nos tempos atuais, colocar no mesmo campo semântico "incesto" e "homossexualidade" é inconcebível em qualquer aspecto. Mas, para classificar as relações homossexuais como transgressoras, como fazemos neste trabalho, é preciso reconhecer a homofobia e a heteronormatividade como elementos fundamentais da sociedade da década de 1970, que deu origem ao ensaio de Greimas e Rastier e à canção *Mar e Lua*. Lembre-se que a Associação Americana de Psiquiatria eliminou o homossexualismo de sua lista de distúrbios apenas em 1973 e que a Organização Mundial da Saúde excluiu o homossexualismo da Classificação

as relações não prescritas; e o adultério masculino, as relações não interditas. Em seguida, eles analisaram o quadrado semiótico com o modelo econômico das relações sexuais, que, nesse caso, poderiam ser consideradas proveitosas, nocivas, não proveitosas e não nocivas. Por fim, eles propuseram o quadrado semiótico com o modelo dos valores individuais, que avaliava as relações sexuais como desejadas, temidas, não desejadas e não temidas.

A combinação entre os termos de cada um dos três sistemas produz, ao todo, 64 situações possíveis, embora algumas delas possam nunca se manifestar. Essas 64 combinações geram estruturas equilibradas, compatíveis ou conflituosas. Pode-se dizer que há uma expectativa de que as relações sexuais prescritas sejam, no nível econômico, proveitosas e, no nível individual, desejadas; do mesmo modo, as relações interditas seriam, com mais frequência, nocivas e temidas. No entanto, é perfeitamente possível que um sujeito tema o matrimônio. Nesse caso, a "prescrição social" se vincularia à "interdição individual". Foi justamente esse tipo de combinação que originou o conceito de transgressão. De fato, para Greimas e Rastier,

> [...] o sistema dos valores individuais não parece necessariamente integrado ao sistema social, e as relações do grupo (5) nele são possíveis: elas podem, por exemplo, manifestar-se sob a forma de transgressões[3].

Estatística Internacional de Doenças e Problemas Relacionados com a Saúde somente em 1990.

3. Algirdas Julein Greimas, *Du Sens*, p. 149. Duas observações: em primeiro lugar, neste ensaio de Greimas e Rastier, "as relações do grupo (5)" correspondem às relações sexuais prescritas pela sociedade, mas temidas pelo indivíduo; em segundo, algumas citações originalmente em outros idiomas (como esta, em francês) foram traduzidas livremente para o português. Resolvemos – por questão de simplificação – não informar, a todo tempo, se as citações consistem ou não em traduções feitas por nós. Na Bibliografia, constam detalhes de todas as edições que originaram as citações.

O PROBLEMA DA TRANSGRESSÃO

Ao usar o termo transgressão, os semioticistas já estão mostrando a necessidade de estudar as combinações conflituosas entre os sistemas apresentados, principalmente entre o sistema dos valores sociais e o dos valores individuais.

Considerando esses dois sistemas, há a possibilidade de as combinações entre eles serem equilibradas. Nessa situação, a conjunção entre as duas dêixis do universo da cultura (que englobariam as relações sexuais prescritas e não interditas e os valores individuais desejados e não temidos) definiria os "valores humanos", enquanto a conjunção das duas dêixis da natureza (que corresponderiam às relações sexuais interditas e não prescritas e aos valores individuais temidos ou não desejados) definiria o "mundo não humano"[4]. Mas, se as combinações não forem equilibradas, muitas vezes somos obrigados a recorrer ao conceito de transgressão, já que: "A conjunção da cultura individual e da natureza social define *o espaço da transgressão*"[5].

Esse *espaço da transgressão* não é nada mais do que a combinação entre os valores interditos ou não prescritos socialmente e os valores individuais desejados ou não temidos. Considerando o modelo das relações sexuais da sociedade tradicional francesa, a aceitação da homossexualidade ou a valorização do adultério feminino estariam no *espaço da transgressão*.

No entanto, não precisamos considerar a transgressão apenas no âmbito das relações sexuais. Quaisquer práticas sociais podem ser analisadas a partir dos três quadrados semióticos propostos, principalmente a partir das combinações geradas pela superposição dos sistemas social e individual. Na edição espanhola da obra de Greimas, há uma observação interessante sobre isso:

4. *Idem*, p. 150.
5. *Idem, ibidem*.

CHICO BUARQUE – A TRANSGRESSÃO EM TRÊS CANÇÕES

Todas essas reflexões pretendem apenas ser uma baliza no meio de um caminho bem mais complexo. Caberia explicitar, em um trabalho menos superficial e mais minucioso, outras relações nascidas da amalgamação entre o social e o individual[6].

Assim, o aprofundamento da discussão sobre a transgressão não deixa de ser uma maneira de contribuir para que se explicitem algumas relações possíveis entre o sistema dos valores sociais e o dos valores individuais.

2. PRIMEIRAS IMPLICAÇÕES DO CONCEITO DE TRANSGRESSÃO

O conceito de transgressão foi deixado de lado após "O Jogo das Restrições Semióticas". São pouquíssimos os trabalhos que recorreram a esse termo e, mesmo assim, quando isso ocorreu, nem sempre ele foi usado com o sentido que Greimas e Rastier lhe atribuíram. Não cabe aqui discutir os motivos – se é que é possível apontá-los com precisão – que levaram a esse "esquecimento"; o mais importante é mostrar que esse conceito pode ser bastante operacional, já que a definição de transgressão como "a conjunção da cultura individual e da natureza social" pode ser expandida e originar algumas discussões epistemológicas relevantes.

No *espaço da transgressão*, há sempre o desejo individual (ou, pelo menos, o não temor) de entrar em conjunção com um valor interdito ou não prescrito socialmente. Portanto, é possível imaginar que sempre há um sujeito que deseja ou não teme um valor proibido pela sociedade. Essa busca do sujeito por estar em conjunção com um valor da dêixis da natureza social estrutura, na perspectiva narrativa, a transgressão. É possível, assim, imaginar

6. Algirdas Julien Greimas, *En Torno al Sentido: Ensayos Semióticos*, p. 173.

O PROBLEMA DA TRANSGRESSÃO

um percurso narrativo da transgressão, em que o sujeito buscaria entrar em conjunção com os valores na natureza social e, desse modo, realizar a transgressão. Se o desejo transgressor – ou, em outras palavras, o ímpeto de buscar a conjunção com os valores interditos ou não prescritos socialmente – dissemina-se pelo texto, é porque a transgressão pode ser vista como um tema, que pode ser definido "[...] como a disseminação, ao longo dos programas e percursos narrativos, dos valores já atualizados (vale dizer, em junção com os sujeitos) pela semântica narrativa"[7].

A aceitação da possibilidade de a transgressão ser vista como um tema nos permite pressupor a existência do papel temático[8] do *transgressor*. O transgressor tem como característica principal desejar ou não temer os valores que não são aceitos pela sociedade. Se ele aceita os valores da natureza social, ele nega os valores da cultura social. Dito de outro modo, projeta-se a euforia sobre a dêixis dos valores sociais interditos ou não prescritos, enquanto a disforia passa a recobrir os valores prescritos ou não interditos.

A categoria tímica [...] desempenha um papel na transformação dos microuniversos em axiologias: conotando como eufórica uma dêixis do quadrado semiótico e como disfórica a dêixis oposta, ela provoca a valorização positiva e/ou negativa de cada um dos termos da estrutura elementar da significação[9].

A transgressão, então, também pode ser definida como projeção da euforia sobre a dêixis dos valores interditos ou não

---

7. Algirdas Julien Greimas & Joseph Courtés, *Dicionário de Semiótica*, p. 453.
8. Entendido como "a representação, sob forma actancial, de um tema [...]. O papel temático é obtido [...] por redução de uma configuração discursiva a um único percurso figurativo (realizado ou realizável no discurso) e, além disso, a um único agente competente que virtualmente o subsome" (*idem, ibidem*).
9. *Idem*, p. 463.

CHICO BUARQUE – A TRANSGRESSÃO EM TRÊS CANÇÕES

prescritos socialmente, e o grande responsável por essa projeção seria justamente o transgressor.

Se se aceita que a transgressão é a valorização de uma interdição, deve-se também aceitar que a transgressão é a representação de uma ruptura, pois ela se estrutura a partir de uma relação de incompatibilidade entre os valores sociais e individuais. Ao desejar o que a sociedade proíbe, o transgressor rompe com os valores institucionalizados. Como, numa perspectiva tensiva, o sentido do texto é sempre produto de um sobressalto, de uma descontinuidade, de uma interrupção que provoca o desdobramento narrativo, a transgressão não deixa de estar sempre alimentando as narrativas, pois gera conflitos que as mantêm. Esses conflitos, por sua vez, podem deixar de alimentar as narrativas ou porque houve a diminuição dos ímpetos do transgressor ou porque a transgressão, ao se realizar, estabeleceu uma nova estrutura de valores[10].

A posição do transgressor, que pode ser resumida por uma atitude de negação de certos valores aceitos socialmente, acaba sendo, portanto, uma posição de conflito com a convenção. Não se trata, nesse caso, de um conflito na dimensão sujeito/antissujeito[11], e sim de um choque entre os valores do sujeito e de um grupo social a que ele, de algum modo, vincula-se[12]. Assim, a desobediência do transgressor volta-se menos para um antissujeito do que para a convenção.

Entendemos por convenção uma modalização deôntica (que age sobre o /fazer/ do sujeito) de um tipo particular. Ela nasce de um comportamento

---

10. Essa ideia será retomada nos capítulos de análise das canções.
11. Cf. Algirdas Julien Greimas & Joseph Courtés, *Sémiotique – Dictionnaire Raisonné de la Théorie du Langage II*, pp. 51-52.
12. Vale lembrar que essa vinculação não é necessariamente voluntária (aliás, no caso da transgressão, ela quase nunca o é). Na verdade, o sujeito, por pertencer a um grupo social, sempre depende dos valores desse grupo, ainda que seja para negá-los.

O PROBLEMA DA TRANSGRESSÃO

imposto ao sujeito (enunciatário) não por um outro sujeito (enunciador), que assume ao mesmo tempo o estatuto de destinador [...], mas sim por um terceiro "inapresentável" que é representado como um ser genérico ou como um conjunto que engloba o enunciador e o enunciatário e, portanto, por assim dizer, "impessoal"[13].

Por pertencer a um determinado grupo social, o transgressor acaba sendo influenciado por uma convenção que lhe impõe um / dever fazer/. Mas este /dever/, mais do que uma simples obrigação social, traduz a tentativa de uma sociedade em manter os valores que as distinguem das outras[14]. A modalização dos integrantes do grupo social pelo /dever/ não deixa de ser então uma busca pela manutenção de sua identidade[15].

Ao considerar que o grupo social pretende manter sua identidade, estamos trabalhando com a possibilidade de que, mais do que no nível do /fazer/, a incidência da transgressão sobre a convenção também se dê no âmbito do /ser/. Ao buscar, de algum modo, a manutenção de seus valores, toda sociedade está à procura dos traços que a distingam das outras. Portanto, a convenção nasce dessa necessidade da "distinção": "[...] essa distinção é definida como uma propriedade dos que assumem a convenção e, portanto,

13. Algirdas Julien Greimas & Joseph Courtés, *Sémiotique – Dictionnaire Raisonné de la Théorie du Langage II*, p. 55.
14. Um dos traços que caracteriza a convenção é o fato de ela representar "uma *tradição* encarnada por uma comunidade que funciona como uma distinção diante de outras comunidades" (*idem, ibidem*).
15. Assim como existe o conceito de identidade no plano individual (que designa "o princípio de permanência que permite ao indivíduo continuar o 'mesmo', 'persistir no seu ser', ao longo de sua existência narrativa, apesar das modificações que provoca ou sofre" [Algirdas Julien Greimas & Joseph Courtés, *Dicionário de Semiótica*, p. 224]), cremos ser possível falar em uma identidade social, que englobaria os traços que definem os valores sem os quais uma sociedade não existe. Assim, a perda desses traços faria com que essa sociedade desaparecesse ou fosse incorporada por outra.

CHICO BUARQUE – A TRANSGRESSÃO EM TRÊS CANÇÕES

como uma distinção que caracteriza um ser social: a convenção é [...] um /fazer ser/ [...]"[16].

Assumir a convenção é, pois, aceitar os valores prescritos ou não interditos socialmente. Negá-la é não aceitar esses valores, o que equivale a dizer que eles serão violados. Ao desobrigar-se de seguir a convenção e o /fazer ser/ imposto por ela, o transgressor passa, de fato, a representar uma ameaça, pois a manutenção da identidade social depende de que todos os integrantes do grupo estejam modalizados pelo mesmo /dever/. A renúncia ao /dever/ pode, portanto, fazer com que o transgressor fique estigmatizado, pois ele ameaça a própria existência do seu grupo social. Talvez por esse motivo a transgressão seja tantas vezes sancionada negativamente pela sociedade.

Mas, analisando essa questão por um outro ângulo, a negação da convenção pode também – como, aliás, já sugerimos – originar uma nova estrutura de valores. Nesse caso, a transgressão seria menos uma ameaça à identidade social do que justamente uma possibilidade efetiva de manutenção dessa identidade. O transgressor, ao negar as prescrições que lhe foram impostas, acaba fazendo com que a sociedade reveja algumas de suas características, o que pode fazer com que ela encontre um novo ponto de equilíbrio entre os valores já cristalizados e as novas exigências de alguns dos integrantes do grupo. Não faltam à História exemplos de transgressores que, num primeiro momento, foram tomados como uma ameaça ao *status quo* (e, por isso, sancionados negativamente) e que, mais tarde, tornaram-se símbolos das sociedades que aparentemente ajudavam a destruir.

16. Algirdas Julien Greimas & Joseph Courtés, *Sémiotique – Dictionnaire Raisonné de la Théorie du Langage II*, p. 55.

O PROBLEMA DA TRANSGRESSÃO

Podemos confirmar essa hipótese de que a transgressão pode ter um caráter agregador, recorrendo, por exemplo, aos conceitos de som e ruído, usados por Wisnik para analisar produções musicais.

Para ele, o som é marcado pela ideia de conservação, tem um caráter integrativo e ritualístico, desacelerado e predeterminado. Já o ruído é marcado pelo traço semântico da invenção, tem um caráter polêmico e desintegrador, veloz e imprevisível[17]. O som, em certa medida, é a negação dos ruídos, é uma tentativa de organizar o material sonoro, dando-lhe um caráter de ritual. Esse ritual, que nasce da repetição de uma determinada prática, acaba adquirindo uma importância social e, por isso, pode se perpetuar. No entanto, o som não é absoluto: em primeiro lugar, ele deve ser sempre relativizado culturalmente (o que é som para uma cultura pode ser ruído para outra); em segundo, o som é muitas vezes originado pelo ruído (paulatinamente, os ruídos, que outrora eram inesperados e chocantes, passam a ser institucionalizados).

Vejamos algumas palavras de Wisnik, em referência à música erudita: "A música tonal moderna, especialmente a música consagrada como "clássica", é uma música que evita [...] o ruído, que está nela recalcado ou sublimado"[18].

Essa negação do ruído na música "clássica" não deixa de ser uma tentativa de manutenção da identidade. A incorporação do ruído seria uma ameaça.

---

17. Como nota José Miguel Wisnik: "O som periódico opõe-se ao ruído [...]". Este pode ser definido – incorporando-se algumas noções da teoria da informação – como uma "interferência na comunicação (ruído torna-se assim uma categoria mais relacional que natural). O ruído é aquele som que desorganiza outro, sinal que bloqueia o canal, ou desmancha a mensagem, ou bloqueia o código" (José Miguel Wisnik, *O Som e o Sentido*, pp. 32-33).

18. *Idem*, p. 42.

CHICO BUARQUE – A TRANSGRESSÃO EM TRÊS CANÇÕES

A entrada (franca) do ruído nesse concerto criaria um contínuo entre a cena sonora e o mundo externo, que ameaçaria a representação e faria periclitar o cosmo socialmente localizado em que ele se pratica[19].

A música "clássica" vê então o ruído como uma ameaça à sociedade que a valoriza. O ruído seria, portanto, uma transgressão e, de fato, as transgressões têm sempre um quê ameaçador. No entanto, o ruído pode "tornar-se" som, assim como a transgressão, outrora temível, pode institucionalizar-se e, assim, diacronicamente, deixar de ser transgressão. Eis então o que diz Wisnik sobre algumas novidades musicais:

A partir do início do século xx opera-se uma grande reviravolta nesse campo sonoro filtrado de ruídos, porque barulhos de todo tipo passam a ser concebidos como integrantes efetivos da linguagem musical. A primeira coisa a dizer sobre isso é que os ruídos denotam uma liberação generalizada de materiais sonoros. Dá-se uma explosão de *ruídos* na música de Stravinski, Schoenberg, Satie, Varése[20].

A incorporação dos ruídos na música erudita ajuda a entender que a transgressão pode contribuir para a manutenção da identidade de um grupo social. Num primeiro momento, o *Pierrot Lunaire* (1912) e a *Sagração da Primavera* (1913), por exemplo, podem ter causado a impressão de que a música "clássica" estava fadada a desaparecer, mas, atualmente, essas peças já estão consagradas dentro do repertório sinfônico tradicional[21]. Desse modo,

19. *Idem*, p. 43.
20. *Idem, ibidem.*
21. Para comprovar essa ideia, vale lembrar as palavras do pesquisador Silvio Ferraz, publicadas no *Programa de Concerto da Orquestra Sinfônica do Estado de São Paulo* de maio de 2002 (p. 63), por ocasião da primeira execução do *Pierrot Lunaire* pela Osesp: "Num acontecimento singular, a década de 1910 viu nascer aquelas que seriam as matrizes da composição musical da primeira metade do século xx, ou mesmo de todo o século. [...] Ali estava o grande pacote de invenções, marcado por obras [...]

O PROBLEMA DA TRANSGRESSÃO

o que antes foi transgressão sonora, hoje é tomado como um valor completamente aceito pela comunidade musical.

Essa digressão em direção aos sons e aos ruídos ajuda a compreender os dois efeitos básicos da transgressão: ela pode ser vista tanto como uma ameaça ao grupo social a que pertence o transgressor quanto como uma estratégia de "modernização"[22] dos valores desse grupo. No primeiro caso, o transgressor fica estigmatizado e é muitas vezes condenado pelo seu grupo social; no segundo caso, após um período inicial de turbulência, a transgressão contribui para que se estabeleça um novo universo de valores. Em ambas as situações, porém, a transgressão, ainda que apenas momentaneamente, configura uma ameaça. É por esse motivo que, numa abordagem tensiva, a transgressão é sempre uma ruptura, uma interrupção, uma descontinuidade, uma <parada>.

Sem a ruptura (o que, nesse caso, é o mesmo que dizer *sem a transgressão*), não há movimento; é como se permanecêssemos num estágio anterior à construção do sentido. Daí a importância que a <parada> sempre adquire. "O primeiro gesto de <parada> é, no fundo, uma interrupção da inércia de uma foria inexorável

que deixavam de lado as restrições do mundo expressivo da música tonal e suas formas dramáticas. Deste momento em diante, não bastaria mais alinhar notas segundo uma ou outra regra para se tornar um compositor, muito menos organizar alguns tantos trejeitos pianísticos. Fazer música nunca seria a mesma coisa". Em que pese a subjetividade desse texto, é inegável que o tom revolucionário de Schoenberg ou de Stravinsky, inicialmente visto como *ruído*, tornou-se *som*. Tanto é assim que suas composições tornaram-se uma baliza de boa parte da produção musical orquestral do século xx.

22. Essa noção não contém aqui juízo de valor. Estamos considerando a *modernização* como uma mudança de valores, com o intuito de adequar o ideário do grupo às exigências dos integrantes desse grupo. Se é verdade que essas exigências mudam, deve-se aceitar que é natural que os valores sociais também mudem, ainda que lentamente.

que seria, por isso mesmo, sem sentido. A <parada> introduz a foria no universo semiótico e, só a partir daí, começa o movimento [...]"[23].

A transgressão, ao representar a projeção da euforia sobre os valores sociais interditos ou não prescritos, é sempre uma <parada>, que, como tal, funciona como marco incoativo do movimento. O transgressor, portanto, é um dos responsáveis pela manutenção da narrativa e, num nível mais abstrato, pela própria articulação do sentido. E isso independentemente de a transgressão ser uma ameaça ao grupo social ou uma prova de modernização dos valores desse grupo. Em ambas as ocorrências da transgressão, sempre estará presente essa <parada>, que pode funcionar como uma surpresa, em oposição à espera.

O especial interesse de Greimas pela *espera* que, como tal, organiza as etapas narrativas do discurso contrasta com a atenção dispensada por Zilberberg à *surpresa*, cujo caráter imprevisível tende a subverter a lógica do sentido[24].

Para compreender os conceitos de surpresa e espera, podemos recorrer a uma ideia engenhosa de Valéry:

O que (já) é não é (ainda) – eis a surpresa.
O que não é (ainda) (já) é – eis a espera[25].

Essa formulação teórica opera como uma oposição entre o *ainda não* e o *já*. O caminho *ainda não* → *já* define a espera; o *já* → *ainda não*, a surpresa. Assim, no plano dos afetos, é como se tudo se resumisse a modular "os adiantamentos e os atrasos

23. Luiz Tatit, *Semiótica da Canção*, p. 137.
24. Luiz Tatit, *Passos da Semiótica Tensiva*, p. 13.
25. *Apud* Luiz Tatit, *Musicando a Semiótica: Ensaios*, p. 54.

O PROBLEMA DA TRANSGRESSÃO

de acordo com a capacidade do sujeito de tolerar o inesperado e programar a espera"[26].

O grande problema da espera é que, se ela for exagerada (ou, em outras palavras, se sua realização demorar demais), é possível que o /querer/ se dilua e que, assim, o impulso para a ação desapareça. De fato, se o objeto

[...] for lento demais, a ponto de dispersar a atenção do sujeito num vazio (ou contínuo) equivalente à eternidade, as saliências (os limites, os contornos) apagam-se e, desta vez, é o sujeito que escapa do objeto[27].

Assim, a transgressão é um ato de surpresa, de rompimento, mas que nasce justamente de uma espera, de uma expectativa de poder enfrentar a convenção. O desejo de transgressão pode então ser mais pontual ou mais durativo, assim como a espera de concretizá-la. Se esse desejo é aspectualizado pela pontualidade, a espera pode efetivamente pôr fim ao movimento em direção à transgressão, pois existe mais probabilidade de que a atenção do sujeito se disperse. Se o desejo é mais durativo, a espera também pode ser.

Com base em Hjelmslev, Zilberberg propõe que termos "intensivos" concentram a significação, enquanto termos "extensivos" a propagam[28], afinal

[...] a tensividade é o lugar imaginário em que a intensidade – ou seja, os estados de alma, o sensível – e a extensidade – isto é, os estados de coisas, o inteligível – unem-se umas às outras[29].

De fato, na tradição filosófica, as grandezas intensivas estão associadas à qualidade, enquanto as extensivas se relacionam com

26. Luiz Tatit, *Musicando a Semiótica: Ensaios*, p. 54.
27. *Idem*, p. 55.
28. Cf. Claude Zilberberg, *Razão e Poética do Sentido*, p. 40.
29. Claude Zilberberg, *Elementos de Semiótica Tensiva*, p. 66.

CHICO BUARQUE – A TRANSGRESSÃO EM TRÊS CANÇÕES

a quantidade[30]. Os conceitos de intensidade e extensidade – que daí derivam e que já foram definidos de maneiras diferentes ao longo do tempo – permitem então avaliar os "efeitos de maior ou menor aproximação ou afastamento do centro enunciador"[31]. Esse centro dêitico é delimitado pelas categorias de pessoa, tempo e espaço e define o lugar a partir do qual o discurso é construído. Do ponto de vista teórico,

[...] à medida que nos afastamos do centro, observamos uma dilatação na ordem da extensidade (alargamento do campo) e, ao mesmo tempo, uma diminuição da ordem da intensidade, pois é normal imaginar que aquilo que mal percebemos não chega a nos afetar com a mesma força daquilo que se encontra bem junto de nós. Simetricamente, à proporção que nos reaproximamos do centro dêitico, restringe-se a amplitude do campo e intensifica-se a força, para o sujeito, dos conteúdos envolvidos[32].

Essa interação inversa entre intensidade e extensidade, embora mais comum nas análises, não é a única possível. Podemos pensar também numa correlação conversa, em que

[...] a forte intensidade incide sobre a ampla extensidade: ênfase maior na abrangência (podemos dizer, por exemplo, que os grandes investimentos financeiros serão feitos nos projetos que atinjam o maior número de pessoas) ou quase nenhuma ênfase sobre quase nenhuma abrangência, algo próximo da paralisação[33].

30. *Idem*, p. 257.
31. Ivã Carlos Lopes, "Extensidade, Intensidade e Valorações em Alguns Poemas de Antonio Cicero", *Semiótica: Objetos e Práticas*, p. 201.
32. *Idem*, p. 202.
33. Luiz Tatit, *Passos da Semiótica Tensiva*, p. 72.

O PROBLEMA DA TRANSGRESSÃO

Zilberberg aponta que "a dimensão da intensidade tem por tensão geradora o par [impactante *vs.* tênue]. Subsome duas subdimensões: o andamento e a tonicidade"[34], enquanto

[...] a dimensão da extensidade tem como tensão geradora o par [concentrado *vs.* difuso]; ela reúne duas subdimensões: a temporalidade e a espacialidade, de acordo com o "acento de sentido" que o enfoque tensivo lhes atribui[35].

Como a transgressão está, a princípio, associada à ruptura, à surpresa, ao enfrentamento da convenção, há um movimento natural de aproximação ao centro dêitico, o que a faz impactante no eixo da intensidade. Se a intensidade rege a extensidade, a expectativa é a de que ocorra uma restrição da amplitude do campo, tornando difuso o efeito da transgressão.

3. A Transgressão e Sua Base Narrativa

A transgressão é um conceito bastante útil para a análise narrativa. Entendida como o desejo de entrar em conjunção com um valor não aceito socialmente, a transgressão está sempre sob a influência de um /querer/. O transgressor "quer" justamente o que sociedade não aceita. Esse /querer/ seria o princípio da configuração narrativa da <parada>, da surpresa, da ruptura.

A origem da transgressão é sempre uma interdição social: o transgressor "quer" o que lhe é proibido. Podemos então retomar que

---

34. Claude Zilberberg, *Elementos de Semiótica Tensiva*, p. 264.
35. *Idem*, p. 258.

CHICO BUARQUE – A TRANSGRESSÃO EM TRÊS CANÇÕES

[...] a transgressão do interdito [é] um problema de competência modal do sujeito, definindo-a como uma estrutura conflituosa causada pela incompatibilidade das modalizações do sujeito pelo /dever não fazer/ e o / querer fazer/[36].

Aprofundando um pouco mais essa questão, podemos dizer que o transgressor está sempre sob a influência de duas modalizações: o /querer/ e o /dever/. Contudo, essas modalizações são, nesse caso, incompatíveis, pois o transgressor quer estar em conjunção com valores não aceitos socialmente (o que significa que ele está modalizado pelo /querer fazer/), ao mesmo tempo em que a convenção o proíbe de chegar a essa conjunção (o que significa que ele também está modalizado pelo /dever não fazer/). A incompatibilidade entre o /querer fazer/ e o /dever não fazer/ não é nada mais do que uma retomada das dêixis que estruturam, no nível fundamental, a transgressão. A dêixis da natureza social engloba os valores interditos ou não prescritos pela sociedade; portanto ela gera, na perspectiva narrativa, um /dever não fazer/ ou, pelo menos, um /não dever fazer/. Já a dêixis da cultura individual, que engloba os valores desejados ou não temidos pelo indivíduo, engendra narrativamente um /querer fazer/ ou, pelo menos, um /não querer não fazer/. Assim, se a transgressão é a "conjunção da cultura individual e da natureza social"[37], podemos também inferir que ela nasce de um conflito originado pelo choque entre o /querer fazer/ e o /dever não fazer/.

Retomando que a transgressão é um marco incoativo do movimento e que as modalidades do /querer/ e do /dever/ situam-se

36. Algirdas Julien Greimas & Joseph Courtés, *Dicionário de Semiótica*, p. 238.
37. Como vimos no item 1 deste capítulo.

O PROBLEMA DA TRANSGRESSÃO

no âmbito da manipulação, podemos propor que a transgressão se define também como um conflito de manipulações.

Considerando a manipulação apenas como um /fazer fazer/ que impele o destinatário à ação, o transgressor é influenciado por dois destinadores diferentes. Um deles é o próprio grupo social ou, em outros termos, a convenção; nesse caso, a manipulação é pelo /dever/, pois o sujeito é levado a agir de acordo com as prescrições da sociedade em que vive. O outro destinador é, na maioria das vezes, o próprio transgressor; nesse caso, a manipulação é pelo /querer/, pois o sujeito está sob a influência dos seus próprios anseios. Portanto, o transgressor está sempre sofrendo a força coercitiva de duas manipulações: uma, transitiva, que está associada à natureza social, e outra, reflexiva, que está ligada à cultura individual.

Para que uma manipulação seja bem-sucedida, é necessário que destinador e destinatário operem com os mesmos valores, estabelecendo entre si um contrato fiduciário[38]. Sem esse contrato, não há manipulação, não há o impulso ao /fazer/ e a sequência narrativa se interrompe. No caso da transgressão, é fácil pressupor que a manipulação pelo /querer/ será bem-sucedida, já que é o próprio transgressor que exerce a função de destinador e destinatário dessa manipulação; já no caso da manipulação pelo /dever/, tudo se complica, pois o sistema de valores prescritos pela sociedade – que funciona como destinador dessa manipulação – é evidentemente incompatível com a ideologia do transgressor. Isso não significa, porém, que a manipulação pelo /dever/ está fadada ao insucesso.

---

38. Esse contrato "põe em jogo um /fazer/ persuasivo da parte do destinador e, em contrapartida, a adesão do destinatário" (Algirdas Julien Greimas & Joseph Courtés, *Dicionário de Semiótica*, p. 184).

CHICO BUARQUE – A TRANSGRESSÃO EM TRÊS CANÇÕES

Na verdade, acreditar que o transgressor sempre aceita o /querer fazer/ e nunca aceita o /dever não fazer/ seria simplificar demais o problema da transgressão, como se, de fato, ela sempre se realizasse de maneira tranquila e harmoniosa. A própria ideia de que a transgressão se origina de uma <parada> e de que ela se estrutura a partir de um conflito de manipulações faz com que a hipótese de realização equilibrada seja prontamente descartada. Para compreender a natureza desse choque de modalidades, é preciso lembrar que o transgressor se influencia, na maior parte das vezes, tanto pelo /querer/ quanto pelo /dever/. É consenso que é rara a construção de um sujeito tão autossuficiente, a ponto de poder prescindir completamente dos valores sociais; e igualmente incomum seria a construção de um sujeito tão pouco determinado, a ponto de esquecer todos os seus desejos individuais. Desse modo, é como se as manipulações do /querer/ e do /dever/ fossem colocadas em cada um dos pratos de uma balança: em cada caso específico de transgressão, a balança pende para o lado que possuir a manipulação mais eficiente. Se a manipulação pelo /querer/ for a mais eficiente e o sujeito transgressor tiver disposição e força suficientes para enfrentar as interdições sociais, a transgressão começa a se realizar. Se a manipulação pelo /dever/ for a mais bem-sucedida, a transgressão não ocorre, embora o desejo de transgressão possa permanecer latente[39].

Supondo que a manipulação pelo /querer/ obtenha sucesso, o sujeito transgressor chegaria à fase da competência. Nela, as modalidades do /saber/ e do /poder/ é que precisam ser analisadas. Em princípio, a transgressão não tem nenhuma relação particular com a fase da competência, diferentemente do que acontece com

---

39. Para que a transgressão seja considerada o tema do texto, não é necessário que ela se realize.

O PROBLEMA DA TRANSGRESSÃO

a fase da manipulação. É a configuração narrativa de cada texto que vai determinar se a transgressão encontrará empecilhos ou não durante a competência. O que vale a pena discutir é se o /não poder fazer/ e o /não saber fazer/ podem interromper a sequência narrativa.

Lexicalizando o /não poder fazer/ e o /não saber fazer/, encontraremos os termos impotência e incompetência. Já o /dever não fazer/ seria a interdição[40]. Podemos dizer que tanto a interdição gerada pelo /dever/ quanto a impotência e a incompetência são manifestações da impossibilidade[41]. A impossibilidade passaria a ser entendida como qualquer entrave à realização da transgressão ou, dito de uma outra maneira, como qualquer dificuldade para atingir a *performance*. No entanto, vale ressaltar que há dois tipos de impossibilidades.

A primeira impossibilidade seria aquela nascida da interdição do /dever não fazer/. Ela pode até interromper a sequência narrativa, mas também é possível que fique, como já assinalamos, em segundo plano, depois do confronto com o /querer fazer/. Portanto, o /dever não fazer/ não implica, necessariamente, a interrupção da narrativa. A segunda impossibilidade é a que se origina pela impotência ou pela incompetência, isto é, pelo /não poder fazer/ ou pelo /não saber fazer/. Esta, sim, interrompe a sequência narrativa,

---

40. Cf. Diana Luz Pessoa de Barros, *Teoria do Discurso: Fundamentos Semióticos*, p. 53.
41. Segundo Algirdas Julien Greimas & Joseph Courtés, a impossibilidade "designa a estrutura modal correspondente, do ponto de vista de sua definição sintática, ao predicado modal /dever/ que rege o enunciado de estado /não ser/" (*Dicionário de Semiótica*, p. 230). No entanto, parece-nos perfeitamente possível aumentar o alcance do lexema impossibilidade, levando-o para o âmbito do /fazer/. Assim, deixaríamos, como propõe Diana Luz Pessoa de Barros (*Teoria do Discurso: Fundamentos Semióticos*, pp. 53-59), o termo interdição para designar o /dever não fazer/ e o termo irrealizável para o /dever não ser/.

CHICO BUARQUE – A TRANSGRESSÃO EM TRÊS CANÇÕES

já que é impossível chegar à realização da transgressão sem estar de posse das modalidades da competência. Seguindo essa linha de raciocínio, a sequência narrativa pode ser interrompida, na fase da competência, ou porque o transgressor não pode ou porque ele não sabe chegar à *performance*.

Considerando as fases da manipulação e da competência, há então duas maneiras de interromper o percurso da transgressão:

- A interrupção originada pelo /dever não fazer/, na fase da manipulação. (Isso só acontece quando o /dever não fazer/ está num nível hierarquicamente superior ao do /querer fazer/.)
- A interrupção originada pelo /não poder fazer/ e pelo /não saber fazer/, na fase da competência. (Nesse caso, a manipulação do /querer/ é mais eficiente do que a do /dever/, mas o transgressor não está de posse das modalidades da competência para atingir a *performance*.)

Se nenhuma das impossibilidades se manifestar, o transgressor pode chegar à realização da transgressão. Caso contrário, a transgressão permanecerá virtualizada. Desse modo, podemos dizer que os textos que tematizam a transgressão podem apresentá-la de duas maneiras:

1. A *transgressão realizada* (quando nenhuma das impossibilidades anteriormente referidas se manifesta).
2. A *transgressão virtualizada* (quando pelo menos uma das impossibilidades se manifesta).

Podemos então esquematizar o percurso da transgressão da seguinte maneira:

O PROBLEMA DA TRANSGRESSÃO

ESQUEMA NARRATIVO DA TRANSGRESSÃO

	TRANSGRESSÃO 1	TRANSGRESSÃO 2	TRANSGRESSÃO 3	TRANSGRESSÃO 4
Manipulação mais eficiente	/dever não fazer/	/querer fazer/	/querer fazer/	/querer fazer/
Manipulação menos eficiente	/querer fazer/	/dever não fazer/	/dever não fazer/	/dever não fazer/
Modalidades da competência[42]	irrelevantes nesta situação	/não saber fazer/	/não poder fazer/	/saber fazer/ /poder fazer/[43]
Resultado	Transgressão virtualizada	Transgressão virtualizada	Transgressão virtualizada	Transgressão realizada
	Pelo menos uma das impossibilidades se manifestou.			*Nenhuma das impossibilidades se manifestou.*

Para atingir a *performance*, que é o momento em que o transgressor entra em conjunção com um valor interdito ou não prescrito socialmente, é necessário que ele vença, portanto, as

42. Por uma questão de simplificação, não consideramos os casos em que o sujeito esteja sob a influência simultânea do /não saber fazer/ e do /não poder fazer/, já que uma dessas sobremodalizações já é suficiente para interromper a sequência narrativa e tornar virtualizada a transgressão.

43. Também por uma questão de simplificação, estamos considerando que apenas o /saber fazer/ e o /poder fazer/ seriam responsáveis por levar o transgressor à *performance*. Mas vale a ressalva de que o /não poder não fazer/ (entendido como obediência) e o /não saber não fazer/ (entendido como inabilidade) também contribuem – aliás, de uma maneira até mais efetiva – para a realização da transgressão, enquanto o /poder não fazer/ (entendido como independência) e o /saber não fazer/ (entendido como habilidade) não impedem, necessariamente, o prosseguimento do percurso da transgressão (cf. Diana Luz Pessoa de Barros, *Teoria do Discurso: Fundamentos Semióticos*, p. 53).

impossibilidades que podem surgir em seu percurso. Vencidas as impossibilidades, a transgressão se realiza.

No entanto, como já apontamos, independentemente de realizar-se ou de permanecer virtualizada, a transgressão sempre poderá ser considerada o tema do texto. De fato, um texto pode apresentar o percurso do transgressor em detalhes, até que, num dado momento, o percurso se interrompa por causa de um /não poder fazer/ ou de um /não saber fazer/. O fato de a transgressão não se realizar, nesse caso, não anula a possibilidade de tomar esse texto como um exemplo de transgressão, já que existem – como propusemos – quatro grandes possibilidades de manifestação do tema da transgressão (e dessas quatro possibilidades, três configuram casos de transgressões virtualizadas).

Além disso, como a transgressão é também um marco incoativo do movimento, podemos inferir que as relações conflituosas entre os valores sociais e os individuais podem ser consideradas o tema de um texto (ou pelo menos um dos temas) pelo simples fato de que elas originam as narrativas. Em outros moldes, aliás, Propp já tinha previsto que, nos contos maravilhosos, a transgressão já tinha uma função incoativa.

Após propor as 31 funções[44] para as personagens desses contos, ele salienta que a sucessão das funções é sempre a mesma, ainda que alguns contos não apresentem todas elas[45].

---

44. Vladimir Propp afirma que: "Os elementos constantes, permanentes, do conto são as funções das personagens [...]. As funções são as partes constitutivas fundamentais do conto" (*Morphologie du Conte*, p. 31). Algirdas Julien Greimas e Joseph Courtés dizem que Vladimir Propp usa o termo *função* "para designar unidades sintagmáticas que permanecem constantes apesar da diversidade das narrativas" (*Dicionário de Semiótica*, p. 199).

45. Cf. Vladimir Propp, *Morphologie du Conte*, p. 32.

O PROBLEMA DA TRANSGRESSÃO

A primeira função proppiana é o *afastamento*; a segunda, a *interdição*; a terceira, a *transgressão da interdição*[46]. Portanto, para ele, a narrativa do conto maravilhoso começa com uma interdição, que é seguida da transgressão. Trata-se, com efeito, de uma estrutura bastante semelhante a que nós apresentamos a respeito do percurso narrativo da transgressão. Retomando que a obra de Propp, ao

[...] postular a existência de um princípio de organização subjacente a classes inteiras de narrativas, serviu de ponto de partida para a elaboração de diferentes teorias da narratividade[47] [,]

podemos concluir que os textos cujo tema é a transgressão apresentam um percurso narrativo que é desencadeado pelo desejo do transgressor em entrar em conjunção com um valor social marcado pela interdição.

Reforça-se, assim, a tese de que a transgressão é um conceito bastante útil para a análise narrativa.

4. A Transgressão numa Perspectiva Passional

A transgressão, como mostramos no item anterior, pode ser analisada de acordo com a modalidade do /fazer/. Mas é inegável que, para compreender toda a amplitude do papel do transgressor, é necessário também considerar a modalidade do /ser/.

O transgressor, definido como um sujeito que quer estar em conjunção com um valor não aceito socialmente, está sobretudo motivado por um /querer ser/. Essa vontade, associada à impos-

---

46. *Idem*, pp. 36-38.
47. Algirdas Julien Greimas & Joseph Courtés, *Dicionário de Semiótica*, p. 199.

51

CHICO BUARQUE – A TRANSGRESSÃO EM TRÊS CANÇÕES

sibilidade do /dever não ser/, gera inevitavelmente um conflito de natureza psicológica, pois o transgressor se encontra sob o efeito simultâneo de modalidades contraditórias. É claro que é o enunciador de cada texto que determina até que ponto esses conflitos modais estarão presentes na superfície textual, mas, independentemente disso, eles existem e precisam ser estudados.

A análise das paixões foi a maneira encontrada pela Semiótica para tentar, na passagem da modalização do /fazer/ para a modalização do /ser/, dar conta de explicar (e sistematizar) esses conflitos de natureza psicológica. Mas é preciso tomar cuidado para não cair no mero "psicologismo".

O risco do "psicologismo", de se retomarem estudos de caracteres e de temperamento, afastou sempre a linguística e a semiótica desse ângulo da análise do discurso. O amadurecimento e a segurança, atualmente alcançados, permitiram à semiótica enveredar pelos meandros das paixões, sem medo de perder um espaço duramente alcançado ou de voltar caminho[48].

Para evitar qualquer tipo de "impressionismo" interpretativo, é preciso, antes de tudo, definir o que devemos entender por *paixões*. De maneira simplificada, podemos defini-las "como efeitos de sentido de qualificações modais que modificam o sujeito"[49].

Desse modo, o(s) efeito(s) de sentido(s) produzido(s) pela combinação entre o /querer ser/ e o /dever não ser/ estrutura(m) inicialmente a dimensão passional da transgressão. Essas sobremodalizações, combinadas para formar as paixões, devem ser vistas como condições prévias para a *performance*. Mas não se deve

---

48. Diana Luz Pessoa de Barros, *Teoria do Discurso: Fundamentos Semióticos*, p. 55.

49. Diana Luz Pessoa de Barros, "Paixões e Apaixonados: Exame Semiótico de Alguns Percursos", *Cruzeiro Semiótico*, p. 61.

O PROBLEMA DA TRANSGRESSÃO

considerar que as paixões sejam apenas precondições para que o sujeito chegue à conjunção com o objeto de valor; na realidade, por "[...] oposição à *ação*, a paixão pode ser considerada como uma organização sintagmática dos 'estados de alma' e manifesta-se pela projeção da modalidade do /ser/ sobre os sujeitos narrativos"[50].

Essa oposição entre a paixão e a ação, no entanto, não é inequívoca. É certo que, para compreender essa definição inicial de paixão, é interessante tomá-la como uma categoria distinta da ação. Entretanto, ao mesmo tempo em que paixão se configura como um "estado de alma" (o que lhe dá realmente um estatuto diferenciado do da ação), as sobremodalizações que a originam são condições prévias para a *performance* (o que a aproxima da ação). Para desfazer qualquer dúvida, vale a pena recorrer à tese de Fontanille e Zilberberg, para quem

[...] a partir do momento em que deixamos de lado uma abordagem moralizada da paixão, somos levados [...] a abandonar as oposições clássicas [...] entre a ação e a paixão (a ação é uma redução da complexidade discursiva)[51].

Já a paixão – diferentemente da ação – não pode ser reduzida a apenas um de seus componentes, já que ela

[...] é antes de mais nada uma configuração discursiva, caracterizada ao mesmo tempo por suas propriedades sintáxicas – é um sintagma do discurso – e pela diversidade dos componentes que reúne[52].

Sendo assim, a ação e a paixão não configuram categorias opostas. A diferença entre elas é que a ação admite uma redução

---

50. Algirdas Julien Greimas & Joseph Courtés, *Sémiotique – Dictionnaire Raisonné de la Théorie du Langage II*, p. 162.
51. Jacques Fontanille & Claude Zilberberg, *Tensão e Significação*, p. 298.
52. *Idem*, p. 297.

CHICO BUARQUE – A TRANSGRESSÃO EM TRÊS CANÇÕES

da complexidade discursiva, enquanto a paixão não admite. Temos então uma relação que parece ser mais semelhante à hipotaxe do que à simples oposição. Com efeito,

[...] a semiótica da ação escolheu a simplicidade, para reduzir o domínio de pertinência e aumentar a inteligibilidade lógica da ação propriamente dita, enquanto o ponto de vista da semiótica das paixões é o da complexidade, isto é, o das correlações entre dispositivos e dimensões provenientes de diversos níveis do percurso gerativo[53].

Para definir então o conceito de paixão de uma maneira mais aprofundada, devemos explicitar quais são os componentes que ela reúne e que originam sua estrutura complexa. São duas as dimensões básicas que se associam para gerar as paixões: as dimensões modais e as fóricas[54]. Essa ideia já estava presente em *Semiótica das Paixões*, obra em que Greimas e Fontanille afirmam que, para analisar as paixões, é necessário recorrer a duas variáveis: a modalização dominante e a aspectualização[55]. Recorrendo às definições

53. *Idem*, p. 298.
54. *Idem, ibidem*. Essa noção já estava presente em *Sémiotique – Dictionnaire Raisonné de la Théorie du Langage II*: "[a paixão] incide sobre o /ser/ dos sujeitos, submetidos a uma dupla modalização, que os torna sujeitos semióticos: uma modalização é a do /querer/ e a outra é operada pela categoria tímica" (Algirdas Julien Greimas & Joseph Courtés, p. 162). Como o conceito de *foria* passou a ser usado pela Semiótica em substituição à categoria tímica, percebe-se que a ideia de que a paixão se estrutura a partir de uma dimensão modal e outra fórica já estava presente no segundo dicionário de Greimas e Courtés.
55. Para perceber a correspondência entre o que dizem Algirdas Julien Greimas e Jacques Fontanille em *Semiótica das Paixões* e Jacques Fontanille e Claude Zilberberg em *Tensão e Significação*, basta notar que, em ambas as obras, reconhece-se que as paixões dependem de uma modalidade "básica" (/querer/, /dever/, /saber/, /poder/ ou /crer/) e do "movimento afetivo" (Algridas Julien Greimas & Jacques Fontanille, *Semiótica das Paixões*, p. 84) que "conjuga essencialmente a intensidade e a extensidade, com seus efeitos induzidos por projeção no espaço e no tempo" (Jacques Fontanille & Claude Zilberberg, *Tensão e Significação*, p. 298).

O PROBLEMA DA TRANSGRESSÃO

das paixões nos dicionários, os dois semioticistas encontraram "uma série de denominações taxinômicas que constituem como que grandes classes da vida afetiva"[56].

A taxinomia conotativa resultante da nomenclatura passional nos oferece sete paixões-lexemas: *sentimento, emoção, humor, suscetível, inclinação, temperamento* e *caráter*. Essas denominações taxinômicas podem ser sistematizadas segundo quatro critérios: a disposição, a manifestação, a modalização e a competência, sendo que os dois primeiros estão intimamente ligados à aspectualização. Na perspectiva aspectual, a disposição passional pode ser permanente, durável ou passageira, e sua manifestação pode ser contínua, com episódios ou isolada. Em relação à modalização dominante, o /querer/, o /poder/ e o /saber/ podem estar em primeiro plano ou, em alguns casos, pode haver mais de uma modalização dominante. Essa modalização dominante indica a modalidade "básica" que estrutura a manifestação passional. Essas classes passionais em questão "apresentam-se mais ou menos como variedades da competência no sentido amplo"[57].

Essa competência, por sua vez, pode ser reconhecida, suposta ou negada. De acordo com as sugestões de Greimas e Fontanille para analisar as sete paixões-lexemas já referidas[58], podemos – após localizar brevemente o lugar teórico das *paixões* – fazer uma abordagem passional da transgressão.

É claro que a própria ideia de que a paixão consiste numa complexa configuração discursiva dificulta a esquematização dos efeitos de sentido de qualificações modais que incidem sobre o transgressor. No entanto, ainda que de maneira simplificada, é possível apontar

---

56. Algirdas Julien Greimas & Jacques Fontanille, *Semiótica das Paixões*, p. 84.
57. *Idem*, p. 85.
58. *Idem*, pp. 83-87.

CHICO BUARQUE – A TRANSGRESSÃO EM TRÊS CANÇÕES

alguns traços passionais que caracterizam o sujeito que está em busca da conjunção com um valor não aceito pela sociedade. Recorrendo aos quatro tipos de transgressão apresentados no item anterior, é possível analisá-los agora numa perspectiva passional:

ESQUEMA PASSIONAL DA TRANSGRESSÃO

	TRANSGRESSÃO 1	TRANSGRESSÃO 2	TRANSGRESSÃO 3	TRANSGRESSÃO 4
Disposição	passageira	durável	durável	permanente
Manifestação	isolada	com episódios	com episódios	contínua
Modalidade dominante	/dever/[59]	mista: /querer/ e /saber/	mista: /querer/ e /poder/	/querer/
Competência	irrelevante	negada	negada	reconhecida
Paixões-lexemas mais próximas	emoção	sentimento	emoção suscetível	temperamento caráter

É claro que esse esquema passional é discutível: até que ponto, na *Transgressão 1*, a disposição é passageira? Será que ela não poderia ser considerada durável? Do mesmo modo, a manifestação da *Transgressão 2*, por exemplo, não poderia ser isolada? Na verdade, cada texto é que vai determinar, numa situação específica e concreta, como se manifestam as paixões do transgressor. Esse esquema é um esforço de sistematização, mas ele é, evidentemente, incompleto. Greimas e Fontanille reconheciam isso:

[...] a nomenclatura passional permanece um conjunto impreciso, de que se pode dizer apenas quais são as variáveis que o sustentam,

---

59. Embora Algirdas Julien Greimas e Jacques Fontanille não tenham considerado a possibilidade de a modalização dominante de uma estrutura passional ser o /dever/, a *Transgressão 1* apresenta uma situação em que o /dever/, de fato, está em primeiro plano.

56

O PROBLEMA DA TRANSGRESSÃO

mas cujos termos não podem ser definidos de maneira unívoca. [...]
A nomenclatura representa um primeiro esboço, intuitivo e produzido
pela história, de uma teoria das paixões elaborada no interior de uma
cultura[60].

Portanto nossa tarefa de análise não é simplesmente a de
encaixar cada texto que tematiza a transgressão nessa tipologia
proposta. Na verdade, o mais importante é verificar como esses
textos se relacionam com esse "macrossistema classificatório" e, a
partir de análise particular dos textos, estabelecer as especificidades
de cada manifestação discursiva da transgressão.

5. A Transgressão e a Questão do *Outro*

Até agora, definimos a transgressão sempre a partir de uma
surpresa, de um choque, de uma ruptura, de uma <parada>: de
um lado, estão os valores institucionalizados e as imposições do
/dever/; de outro, os desejos do indivíduo e as idiossincrasias do
/querer/. O transgressor, por sua vez, está posicionado no meio
desse fogo cruzado, e sua tarefa de compatibilizar o que é incompatível (já que ele quer entrar em conjunção com valores sociais
interditos ou não prescritos) é, por dedução lógica, impossível.
Assim, para ele, sempre haverá um conflito entre os próprios desejos e as prescrições sociais. Desse modo, para o grupo social, o
transgressor será sempre o *outro*.

[...] a figura do Outro é, antes de mais nada, a do *estrangeiro*, definido
por sua dessemelhança. O Outro está, em suma, presente. Presente até demais, e o problema é precisamente este: problema de sociabilidade, pois se
a presença empírica da alteridade é dada de pronto na coabitação do dia a

---

60. Algirdas Julien Greimas & Jacques Fontanille, *Semiótica das Paixões*, pp. 86-87.

CHICO BUARQUE – A TRANSGRESSÃO EM TRÊS CANÇÕES

dia [...] das culturas, nem por isso ela tem necessariamente sentido, nem, sobretudo, o mesmo sentido para todos[61].

Não é difícil reconhecer que, na perspectiva dos valores sociais dominantes, o transgressor é sempre um *outro* que atesta "a presença empírica da alteridade". Por isso, ele é sempre uma ameaça, já que – embora se reconheça que a alteridade sempre está presente nas relações sociais – não há nenhuma garantia de que o *status quo* seja capaz de conviver com essa alteridade representada pelo *outro*.

Nesse sentido, o transgressor é um incômodo, pois ele sempre representa uma descontinuidade. Daí que não seja nenhum absurdo pensar que o transgressor é, na maior parte das vezes, um *gauche*. De fato, o grupo que defende os valores institucionalizados pode muitas vezes perseguir o *outro*,

[...] a pretexto, por exemplo, de "inadaptação" ao modo de vida ambiente, de "desvio" (sobretudo no plano dos comportamentos sexuais) ou de "periculosidade" avaliada em termos de segurança e de polícia, como é de novo o caso hoje, de higiene e de saúdes públicas[62].

Encontrar um pretexto para perseguir o *outro* é, na maioria das vezes, uma consequência quase que natural da necessidade do grupo em manter sua identidade social. Se o transgressor é realmente uma ameaça, não há dúvidas de que a perseguição a ele se torna, para a maioria dos integrantes do grupo cujos valores estariam sendo ameaçados, plenamente justificável.

É neste contexto que se desenvolve [...] um discurso social da conquista ou da reconquista de uma identidade concebida como "ameaçada" e que ressurgem práticas de enfrentamento sociocultural de caráter às vezes dramático

61. Eric Landowski, *Presenças do Outro*, p. xII.
62. *Idem*, p. 20.

O PROBLEMA DA TRANSGRESSÃO

[...], como se se tratasse de reduzir mais uma vez o dessemelhante – primeiramente o estrangeiro, o "gringo", mas também o "marginal", o "excluído", o "transviado" etc. – a uma posição de pura exterioridade[63].

Isso nos fornece subsídios para considerar que a posição do grupo social dominante em relação ao transgressor é de *segregação*[64]. Se aceitamos essa ideia, é o caso de perguntar: por que o transgressor não sofre simplesmente um processo de exclusão?

Na verdade, a exclusão do *outro* é sempre uma atitude que não deixa de transparecer uma incapacidade em lidar com a alteridade. E não reconhecer a alteridade, por sua vez, é uma ameaça – talvez maior do que a representada pela simples postura do transgressor – à identidade. No *Dicionário de Semiótica*, Greimas e Courtés, no verbete alteridade, acabam confirmando essa ideia:

> Alteridade é um conceito não definível que se opõe a um outro, do mesmo gênero, identidade: esse par pode pelo menos ser interdefinido pela relação de pressuposição recíproca. Assim como a identificação permite estabelecer a identidade de dois ou mais objetos, a distinção é a operação pela qual se reconhece a alteridade deles[65].

O que existe, portanto, entre identidade e alteridade é uma relação de reciprocidade. A existência de um implica a do outro. Daí que a afirmação da identidade passe pela negação da alteridade. Negar, no entanto, não significa excluir. A exclusão é não aceitar a existência do *outro* e não perceber que a identidade só faz sentido

63. *Idem*, p. 4.
64. A *segregação* forma, ao lado dos lexemas *assimilação*, *exclusão* e *admissão*, o quadrado semiótico das relações entre o grupo social dominante e o *outro*. A conjunção foi lexicalizada como *assimilação*; a não-disjunção, como *admissão*; a disjunção, como *exclusão*; e a não-conjunção, como *segregação* (*idem*, pp. 14-25).
65. Algirdas Julien Greimas & Joseph Courtés, *Dicionário de Semiótica*, p. 18.

CHICO BUARQUE – A TRANSGRESSÃO EM TRÊS CANÇÕES

na presença da alteridade. Daí que, em última instância, o *outro*, mais do que uma ameaça, representa – pela sua diferença com os valores estabelecidos – o contraponto necessário para a manutenção da identidade. Portanto, quando ocorre a transgressão, embora sempre haja a possibilidade da exclusão, é mais comum que ocorra também algum tipo de segregação.

> Embora haja modos e modos de separar e de "segregar" e uns possam parecer-nos mais inofensivos, outros francamente bárbaros [...], todos eles manifestam, em profundidade aquela mesma ambivalência que tentamos caracterizar entre *impossibilidade de assimilar* – e, portanto, de tratar o Outro realmente "como todo mundo" – e *recusa de excluir*[66].

A "impossibilidade de assimilar" (que, em última instância, é a base da transgressão, já que a cultura social nunca vai assimilar a natureza social) e a "recusa de excluir" (que nasce da certeza de que a presença do *outro* ajuda o grupo social dominante a reconhecer-se e, portanto, a manter a identidade) caracterizam a segregação com a qual o transgressor é comumente tratado. Essa segregação não é, todavia, absoluta. Como já demonstramos, pode acontecer de o transgressor apenas antecipar uma mudança de comportamento da sociedade. Assim, a segregação anteciparia a admissão, que anteciparia a assimilação.

Quando a segregação nasce do fato de o *outro* ser visto como uma simples ameaça, há que se ressalvar que o transgressor pode ser tomado como uma espécie de "mal necessário": sem ele, o grupo social não encontraria resistências e, por esse motivo, teria mais dificuldades em (re)afirmar a própria identidade.

66. Eric Landowski, *Presenças do Outro*, p. 17.

O PROBLEMA DA TRANSGRESSÃO

Por isso, defendemos que a transgressão, além de ser importante para o prosseguimento narrativo, já que ela funciona como um marco incoativo do movimento, também é uma maneira de fazer com que o grupo social reconheça os próprios valores. A presença do *outro*, mais do que um entrave, pode ser uma garantia de manutenção da identidade. Daí que, por mais contraditório que isso possa parecer, a transgressão pode ajudar a conservação dos valores que ela condena. Quando isso não ocorre, é porque a transgressão, de fato, está antecipando mudanças ideológicas no corpo social.

Todas essas questões teóricas a respeito do conceito de transgressão ficarão mais claras nas análises das três canções de Chico Buarque. Passemos a elas.

3. MAR E LUA

1. O AMOR PROIBIDO – O ESPAÇO DA TRANSGRESSÃO

A década de 1970 foi decisiva para a consolidação da carreira musical de Chico Buarque. Em 1971, surge o histórico LP CONSTRUÇÃO; em 1973, o censurado CHICO CANTA CALABAR (que ficou conhecido apenas como CHICO CANTA); em 1974, o famoso SINAL FECHADO; em 1977, os musicais *Os Saltimbancos* e *Gota d'Água*; em 1978, as gravações em LP de *Cálice* e *Apesar de Você* em CHICO BUARQUE.

Em 1979, como já dissemos, Chico lança o disco da peça teatral ÓPERA DO MALANDRO. No ano seguinte, a grande fase do compositor se confirma com o LP VIDA, em que uma canção pouco conhecida merece atenção especial: trata-se da enigmática e sugestiva *Mar e Lua*.

Essa canção narra a história do amor urgente, serenado e proibido de duas mulheres: uma, tonta, grávida de lua, e a outra,

CHICO BUARQUE – A TRANSGRESSÃO EM TRÊS CANÇÕES

nua, ávida de mar. Mas o fato de se tratar de uma relação amorosa homossexual não é explicitado desde o início do texto. A primeira estrofe, por exemplo, não contém nenhum elemento que permite concluir que estamos diante de um caso de amor entre mulheres. É apenas no verso "Levantavam as saias", da segunda estrofe, que há a sugestão do amor proibido, o que é confirmado pelos pronomes ("uma" e "outra") e adjetivos ("tonta", "grávida", "nua" e "ávida") da estrofe seguinte e do primeiro verso da quarta estrofe ("E foram ficando marcadas"). Por amarem esse amor proibido, as duas eram obrigadas a ouvir risadas, a sentir arrepios e a olhar para um rio, cheio de lua e que corria para o mar.

De acordo com o modelo social das relações sexuais na sociedade tradicional francesa proposto por Greimas e Rastier, a relação amorosa da canção é interdita[1]. Segundo esse sistema semiótico, a homossexualidade é uma relação "anormal", que se situa no eixo complexo e na dêixis das relações socialmente excluídas[2]. Admitindo a hipótese de Lévi-Strauss, segundo a qual as sociedades humanas dividem seus valores entre cultura e natureza, tem-se que a homossexualidade se identifica com a natureza, enquanto o matrimônio, por exemplo, localiza-se no âmbito das relações prescritas pela sociedade, ou seja, na dimensão da cultura.

Sendo assim, *Mar e Lua*, por meio da história das mulheres que querem estar em conjunção com um amor proibido, traduz a oposição entre cultura e natureza. Como o desejo dessas mulheres

---

1. Conforme já mostramos no item 1 do capítulo 2 (cf. também Algirdas Julien Greimas, *Du Sens*, p. 143).
2. Esse modelo de Greimas e Rastier investe no quadrado semiótico os valores da sociedade tradicional francesa que, por serem próximos dos valores adotados pela sociedade brasileira na mesma época, serão tomados como referência. É importante a observação, pois, como afirmam os semioticistas franceses, "os termos do modelo social não têm conteúdo 'objetivo'" (*idem*, p. 144).

MAR E LUA

situa-se no âmbito da interdição social, torna-se necessário, para compreender o conflito manifestado na canção, recorrer a um outro modelo semiótico: o modelo dos valores individuais, segundo o qual as relações sexuais podem ser, no eixo complexo, desejadas ou temidas[3].

Considerando os dois quadrados semióticos em questão (o social, fundamentado em prescrições e interdições, e o individual, estruturado em desejos e temores), a articulação dos dois sistemas produz dezesseis possibilidades combinatórias. No caso de *Mar e Lua*, a combinação é conflituosa, pois nasce da articulação de uma relação socialmente interdita (da dêixis da natureza) e individualmente desejada (da dêixis da cultura), de modo que o caso amoroso passa, realmente, a ser considerado proibido.

A letra da canção confirma essa hipótese, pois, em primeiro lugar, o amor das duas é urgente[4], isto é, a relação amorosa é desejada. Em segundo, o texto afirma explicitamente que elas "Amavam o amor proibido", explicitando o conflito de que se falou. Em terceiro, elas são obrigadas, por exemplo, a ouvir risadas, o que não deixa de ser uma demonstração de que a relação amorosa era interdita segundo os valores daquela cidade sem lua e sem mar.

A ausência do "mar" e da "lua" no espaço delimitado poeticamente ("Naquela cidade") reforça o binômio proibição/transgressão, na medida em que esses aspectos "geográficos" são representativos do estado de embriaguez,

---

3. Já apresentamos esse quadrado semiótico no item 1 do capítulo 2 (cf. também Algirdas Julien Greimas, *Du Sens*, p. 146).
4. Mais do que desejada, na verdade, a relação entre as duas mulheres é vista por elas como necessária. A escolha do adjetivo "urgente" confirma a intensidade do desejo das duas em ficarem juntas. Como aponta o *Houaiss* (p. 2811), "urgente" origina-se do particípio presente de *urgere*, que significa "apertar, comprimir, impelir, perseguir, ameaçar, apressar, insistir". Esses traços semânticos da *urgência* servem, portanto, para reforçar a indispensabilidade do amor entre as mulheres.

CHICO BUARQUE – A TRANSGRESSÃO EM TRÊS CANÇÕES

transgressor dos limites, que caracteriza as duas figuras femininas [...]. O espaço da "cidade", dentro dessa perspectiva, representa a proibição e contraponto à transgressão configurado pelo "mar" e pela "lua"[5].

De fato, *Mar e Lua* se situa no *espaço da transgressão*, pois os valores desejados ou não temidos pelo indivíduo estão em conjunção com os valores interditos ou não prescritos pela sociedade[6]. A homossexualidade expressa na letra da canção é desejada, na perspectiva individual, e interdita, na perspectiva social.

Pode-se ainda acrescentar aos dois modelos semióticos em questão o modelo econômico das relações sexuais[7]. É evidente que uma relação sexual interdita socialmente, como a da canção analisada, ainda que seja individualmente desejada, dificilmente poderá ser proveitosa do ponto de vista econômico. Por isso, o fato de as mulheres terem "As costas lanhadas / Pela tempestade", metáfora para o esforço das duas em manter sua união, comprova que a relação era, no mínimo, não proveitosa e, possivelmente, nociva, pela perspectiva econômica.

Projetando a categoria tímica[8] no eixo semântico da sexualidade, as mulheres de *Mar e Lua* – que exercem o papel de transgressor – projetam a categoria da euforia sobre as relações sexuais "anormais", identificando-as com valores positivos[9] e confirmando

5. Maria Helena Sansão Fontes, *Sem Fantasia: Masculino-Feminino em Chico Buarque*, p. 99.
6. É essa a definição de *espaço da transgressão*, proposta por Algirdas Julien Greimas e François Rastier em "O Jogo das Restrições Semióticas" (cf. itens 1 e 2 do capítulo 1).
7. Esse quadrado semiótico já foi apresentado no item 1 do capítulo 2 (cf. também Algirdas Julien Greimas, *Du Sens*, p. 144).
8. Como já apontamos na nota 54 do capítulo 2, a Semiótica tem usado o conceito de foria em substituição à expressão "categoria tímica".
9. A euforia projetada nas relações homossexuais não é compartilhada diretamente pelo narrador, embora, no nível discursivo, seja possível mostrar que esse narrador não rejeita completamente a transgressão proposta pelas duas amantes.

MAR E LUA

o *espaço da transgressão*. Em contrapartida, as relações "normais" e matrimoniais são recobertas pela categoria da disforia.

A canção apresenta um caminho semântico em que a disforia causada pela cultura social é, num primeiro momento, negada pelo amor proibido, para depois ser substituída pela euforia da natureza social, com as mulheres podendo viver sua relação. Esquematicamente, pode-se dizer que a cultura passa a não cultura até chegar à natureza, num processo crescente de transgressão:

Cultura → *Não Cultura* → *Natureza*
Disforia provocada pela Cultura → *Euforia provocada pela Natureza*

Esse processo crescente de transgressão revela, na verdade, a base tensiva da letra da canção. O sentido da narrativa em direção à euforia traduz a passagem do *amor proibido* ao *amor realizado* (o que, nesse caso, equivale a dizer: do estado de tensão ao estado de relaxamento). Pelo menos é esse o raciocínio de Zilberberg, que defende que, quando há um movimento de diminuição de tensão, há também a passagem, da disjunção para a conjunção (no nível da junção), do incoativo para o terminativo (no nível aspectual) e da disforia para a euforia (no nível fórico)[10]. O início da letra da canção, de fato, apresenta uma situação narrativa marcada pela disjunção, pela tensão e pela disforia; o final do texto, por sua vez, caracteriza-se pela conjunção, pelo relaxamento e pela euforia.

É esse "sentido"[11] do texto que dá origem ao conceito de intencionalidade[12]. Em *Mar e Lua*, há dois estágios bem demarcados: o

---

10. Claude Zilberberg, *Essai sur les Modalités Tensives*, p. 70.
11. Entendido aqui não como significação, mas sim como direção, como orientação da narrativa.
12. A vantagem desse conceito é que "ele permite conceber o ato como uma tensão que se inscreve entre dois modos de existência: a virtualidade e a realização" (Algirdas Julien Greimas & Joseph Courtés, *Dicionário de Semiótica*, p. 238).

CHICO BUARQUE – A TRANSGRESSÃO EM TRÊS CANÇÕES

primeiro, em que as amantes convivem com as interdições sociais, e o segundo, em que elas vencem[13] essas interdições. A tensão resultante da relação entre esses dois estágios define a intencionalidade da letra da canção.

Se a tensividade remete, como acreditamos, à instância da enunciação, então a intencionalidade constitui o efeito de sentido correspondente. E transferida, convertida para um nível superior, ela alimenta as modalidades do /dever/ e do /querer/[14].

Concebendo a intencionalidade como a passagem de um estágio de tensão para outro, essa direção tensivo-narrativa depende, como sugere Zilberberg, da instância da enunciação, que, em última análise, ao determinar a ideologia que orienta a produção discursiva, torna-se também o mediador das questões tensivas[15].

O caminho que leva a narrativa de *Mar e Lua* da tensão ao relaxamento pode ainda ser estudado a partir de uma perspectiva temporal. De um estágio inicial de tensão, passa-se à distensão e, em seguida, ao relaxamento. Temporalmente, teríamos a <parada>, a <parada da parada> e a <continuidade>. A <parada>, de fato, "[...] é sempre um fator de entrave, ou no mínimo de resistência, ao fluxo temporal e à ocupação espacial que, pressupondo uma tensividade em nível mais profundo, responde pela espera e pelo sentimento de falta"[16].

13. Essa "vitória" será estudada com mais detalhes nos níveis mais concretos.
14. Claude Zilberberg, *Essai sur les Modalités Tensives*, p. 70. As modalidades do /dever/ e do /querer/, como mostramos no capítulo 2, são imprescindíveis para a consolidação do processo de transgressão. Se a transgressão consiste em desejar o que a sociedade proíbe, temos uma relação de oposição entre a modalidade do /dever/ (que, na maioria das vezes, está ligada às questões sociais) e a modalidade do /querer/ (que, na maioria das vezes, está ligada às questões individuais).
15. Essa ideia reforça a validade da hipótese levantada na nota 9 deste capítulo.
16. Luiz Tatit, *Semiótica da Canção*, p. 136.

MAR E LUA

Em *Mar e Lua*, podemos associar a <parada> à própria dificuldade das amantes em concretizar a relação homossexual. O momento em que as mulheres resolvem viver de fato aquele amor proibido[17] seria a <parada da parada>. Ao produzir o desdobramento narrativo e tensivo, a <parada da parada> inicia o processo de realização da transgressão. Trata-se de um novo marco incoativo, que vai levar as amantes ao estágio de relaxamento. A realização semiótica que se opera faz com que se atinja a <continuidade>, que não é nada mais do que a ausência completa de valores disfóricos. Isso não significa que a sociedade passou a aceitar os valores que motivaram o caso amoroso (até porque o texto não dá nenhuma pista de que isso pudesse ter ocorrido), mas sim que, ao concretizar a experiência afetiva que desejavam, as amantes conseguiram atingir o *espaço da transgressão*. Não é à toa que a canção acaba no momento em que se dá essa concretização, pois a <continuidade> por si só não é capaz de produzir sentido[18].

Essa transgressão, na dimensão da intensidade, é urgente e, como tal, impactante – o que, no nível do andamento, remete à aceleração e à resolução da espera. A rapidez desse processo "supõe, da parte do actante, uma vivacidade, uma energia que supere os receios, as resistências e os obstáculos"[19].

Ao mesmo tempo, a convenção, que torna proibido o amor, procura alongar a espera, num movimento de desaceleração, retardamento e lentidão, deixando bem clara a dualidade do andamento, que passa a ser marcado pela assincronia.

---

17. Como veremos, esse momento de transformação da junção está fundamentalmente nas duas últimas estrofes da letra da canção.
18. Afinal, como dizia Valéry, "tudo começa por uma interrupção" (*apud* Luiz Tatit, *Semiótica da Canção*, p. 137). Seguindo esse raciocínio, a ausência de rupturas, de <paradas>, de sobressaltos, de interrupções corresponderia ao fim das narrativas.
19. Claude Zilberberg, *Elementos de Semiótica Tensiva*, p. 74.

CHICO BUARQUE – A TRANSGRESSÃO EM TRÊS CANÇÕES

Na dimensão da extensidade, passa-se da concentração (na primeira parte da canção, em que se apresentam as dificuldades da realização amorosa) para a difusão (nas três estrofes finais, quando o distanciamento em relação à cidade sem lua e sem mar permite que as amantes cheguem, com lua cheia, à beira-mar), o que faz com que, na subdimensão da espacialidade, tenhamos a abertura, a exterioridade e, principalmente, o deslocamento.

2. O Amor Urgente – Paixões e Modalizações

Mar e Lua é uma narrativa de aquisição, em que duas amantes, em disjunção com um mesmo objeto de valor, procuram consolidar sua relação amorosa.

Essas duas mulheres atuam, ao mesmo tempo, como sujeitos de fazer e de estado, o que faz com que a narrativa seja de *performance* e, mais especificamente, de aquisição reflexiva ou de apropriação, pois "opera-se a conjunção e o sujeito de fazer é igual ao sujeito de estado"[20].

Considerando que as duas mulheres (que são os actantes da canção) agem sob a influência do amor, como se percebe pelos verbos que iniciam as três primeiras estrofes, intui-se que elas são, em princípio, modalizadas pelo /querer/, constituindo uma forma de manipulação por tentação. Na letra de *Mar e Lua*, além de o sujeito de estado ser semanticamente equivalente ao sujeito de fazer, as amantes têm, ao mesmo tempo, o estatuto de destinador e de destinatário da manipulação.

---

20. Diana Luz Pessoa de Barros, *Teoria do Discurso: Fundamentos Semióticos*, p. 35. "[...] a apropriação caracteriza a posição do sujeito de um enunciado de estado após adquirir o objeto-valor por sua própria ação" (Algirdas Julien Greimas & Joseph Courtés, *Dicionário de Semiótica*, p. 24).

MAR E LUA

A comprovação de que a manipulação se dá por tentação está na terceira estrofe, quando o narrador diz que uma está "Grávida de lua" e a outra "Ávida de mar". Os dois adjetivos[21] confirmam o /querer/, com o destinador da manipulação oferecendo ao destinatário um "objeto-valor positivo"[22]. Na manipulação por tentação, "o manipulador propõe ao manipulado uma recompensa [...], com a finalidade de levá-lo a fazer alguma coisa"[23].

Não é preciso ir muito longe para notar que, neste caso, a lua e o mar funcionam como recompensas, isto é, como objetos com os quais os sujeitos de estado querem estar em conjunção. Aliás, como se verá mais adiante, esses dois objetos serão investidos com os mesmos valores durante a narrativa.

A manipulação por tentação constitui um percurso narrativo que desperta no manipulado o /querer fazer/, iniciando uma sequência narrativa canônica[24]. Na fase da competência, as amantes vão

---

21. Vale a ressalva de que os adjetivos "grávida" e "ávida" não possuem exatamente os mesmos traços semânticos. A *avidez* indica o desejo, enquanto a *gravidez* sugere algo que já está cheio, preenchido. Dessa forma, parece que *estar ávido* é desejar e *estar grávido* é estar satisfeito, como se não houvesse mais a necessidade de desejo. Teríamos, então, a impressão de que os adjetivos têm significados completamente diferentes. Na canção, no entanto, há uma aproximação entre o *estar ávido* e o *estar grávido*, o que é reforçado, aliás, pela rima interna: o primeiro indicando o desejo, e o segundo, a possibilidade efetiva de realização desse desejo. O adjetivo "grávida" estaria, portanto, ligado à ideia de gestação, o que sugeriria que a realização do desejo era apenas uma questão de tempo. As mulheres estariam ávidas devido ao desejo de transgressão e grávidas porque há possibilidades concretas de que ela se realize.
22. Algirdas Julien Greimas & Joseph Courtés, *Dicionário de Semiótica*, p. 270.
23. José Luiz Fiorin, *Elementos de Análise do Discurso*, p. 22.
24. Como as duas amantes funcionam como destinador e destinatário da manipulação, os valores do manipulado são os mesmos do manipulador, fazendo com que as duas "aceitem" a tentação de obter o objeto de valor. Como já mostramos no item 3 do capítulo 2, "a manipulação só será bem-sucedida se o sistema de valores que está por trás dela for compartilhado pelo manipulado" (Diana Luz Pessoa de Barros, *Teoria do Discurso: Fundamentos Semióticos*, p. 39).

CHICO BUARQUE – A TRANSGRESSÃO EM TRÊS CANÇÕES

adquirir o /saber fazer/ e o /poder fazer/. Essa aquisição é simples, a começar pelo fato de que, novamente, elas serão o destinador e o destinatário da competência; além disso, considerando que elas querem apenas viver o caso amoroso, infere-se que não é necessária uma habilidade especial para isso. De fato, a letra da canção não apresenta empecilhos à fase da competência; ao contrário, versos como "Levantavam as saias / E se enluaravam" atestam que os actantes da narrativa estavam de posse do /saber fazer/ e do /poder fazer/.

Como *Mar e Lua* situa-se no *espaço da transgressão*, é esperado que as duas mulheres estejam sofrendo uma outra manipulação, não mais dos próprios anseios, mas dos valores sociais[25] que condenam a homossexualidade. Sendo assim, a manipulação se dá, sobretudo, por provocação (nascida de um "juízo negativo"[26]), pois as amantes são levadas a "escolher entre aceitar a imagem desfavorável que [delas] foi apresentada ou fazer o que o manipulador pretende"[27], e também por intimidação (que ocorre quando se propõe uma "doação negativa"[28]), pois "o manipulador mostra poder e propõe ao manipulado, para que ele faça o esperado, objetos de valor cultural negativo (ameaças)"[29].

As amantes recebem, efetivamente, uma imagem desfavorável do corpo social (basta notar que elas ficam "Ouvindo risadas", isto é, convivendo com as dificuldades inerentes à transgressão), além de sofrer com o castigo de não poder assumir a relação, afinal tratava-se de um amor proibido, confinado às "noturnas praias".

---

25. Que poderiam ser chamados aqui de *convenção* (cf. item 2 do capítulo 2).
26. Algirdas Julien Greimas & Joseph Courtés, *Dicionário de Semiótica*, p. 270.
27. Diana Luz Pessoa de Barros, *Teoria do Discurso: Fundamentos Semióticos*, p. 38.
28. Algirdas Julien Greimas & Joseph Courtés, *Dicionário de Semiótica*, p. 270.
29. Diana Luz Pessoa de Barros, *Teoria do Discurso: Fundamentos Semióticos*, p. 38.

MAR E LUA

No caso dessa segunda manipulação, o que está em jogo não é mais o /querer/, e sim o /dever/, pois os valores tomados como referência são sociais e funcionam como prescrições. Acontece que as duas mulheres, que são o destinatário dessa manipulação, não compartilhando os mesmos valores do manipulador, não se sujeitam ao /dever fazer/ imposto socialmente, escapando assim da manipulação.

Escapar da manipulação, além de significar a recusa em participar do jogo, constitui, também, a proposição de outro sistema de valores[30].

As amantes estão, portanto, sob a influência de duas manipulações: uma obtém sucesso, a outra não. A primeira produz o /querer fazer/, modalidade volitiva, a segunda o /dever fazer/, modalidade deôntica. Na primeira manipulação, destinador e destinatário compartilham os mesmos valores, e as mulheres são modalizadas pelo /querer fazer/. Na segunda manipulação, os valores não são os mesmos, e as mulheres, ao desejarem uma relação interdita socialmente, estão sendo modalizadas pelo /dever não fazer/. A confrontação dessas duas estruturas modais gera uma incompatibilidade e, mais precisamente, uma relação de contraditoriedade identificada como uma resistência ativa[31]. A combinação dessas

---

30. *Idem*, p. 39. Para Greimas, trata-se da "proposta de um outro código de honra" (Algirdas Julien Greimas, *Du Sens ii*, p. 219). Já havíamos dito, no capítulo 2, que a realização da transgressão pode significar a proposta de um novo universo de valores que, com o tempo, pode modificar a ideologia do grupo social a que pertence o transgressor. No caso de *Mar e Lua*, as amantes não deixam de propor esse "outro código de honra", embora – como já dissemos – não haja marcas textuais suficientes para dizer se a sociedade passou a admitir realmente os valores ligados à homossexualidade.

31. Algirdas Julien Greimas, *Du Sens ii*, p. 87.

duas sobremodalizações (que estrutura as paixões envolvidas na transgressão) será a base patêmica da narrativa[32].

Se as mulheres de *Mar e Lua* estão motivadas pelo desejo (isto é, modalizadas pelo /querer/), elas constituem sujeitos virtuais. O adjetivo "ávida" da terceira estrofe confirma essa hipótese. No entanto, se o /querer estar em conjunção/ com a lua e com o mar (o que poderia ser chamado também de /querer ser/) é claramente manifestado por esses adjetivos, o que pressupõe um estado inicial de disjunção, versos do início da letra da canção, como "As bocas salgadas / Pela maresia" e "E se enluaravam / De felicidade", parecem contraditórios, pois sugerem uma certa conjunção com os objetos figurativos. O problema é que não é possível uma conjunção parcial com um objeto: a relação do sujeito com o objeto – isto é, a junção – é ou conjuntiva ou disjuntiva. Sendo assim, percebe-se que o /querer fazer/, o /poder fazer/[33] e o /saber fazer/ ainda não asseguram a conjunção, pois o /dever não fazer/ imposto pela cidade, "Distante do mar" e "Que não tem luar", impediria a realização do transgressor. Como já sugerimos, a transgressão pode envolver combinações complexas de sobremodalizações.

Seguindo esse raciocínio, o que ocorre em *Mar e Lua* é, como já mostramos nos níveis de análise mais abstratos, um percurso de

---

32. Isso já havia sido sugerido no item 1 deste capítulo.
33. As modalidades deônticas do /poder fazer/ e do /dever fazer/ estão muitas vezes interligadas, de modo que uma interdição no /dever/ geraria uma impotência na fase da competência. Se aceitamos essa ideia, *Mar e Lua* estaria sob a influência do /dever não fazer/ e do /não poder fazer/ (o que estabeleceria uma relação de conformidade, como propõe Greimas, na obra *Du Sens II*, p. 83). Essa interpretação, entretanto, não é válida, pois, desde o início da letra, percebe-se que as amantes estão de posse do /poder fazer/ (basta notar a repetição do "amar" nas três primeiras estrofes). Para reforçar essa ideia, basta lembrar que a manipulação que obtém sucesso é aquela que está associada ao /querer/, e não a que está associada ao /dever/.

MAR E LUA

diminuição de tensão[34], em que o estado de tensão (de disjunção) caminha para o de distensão (de não disjunção) e, finalmente, para o relaxamento (de conjunção), caminhando da concentração para a difusão:

Tensão → *Distensão* → *Relaxamento*
Disjunção → *Não Disjunção* → *Conjunção*
Concentração → *Difusão*

Quando, no final da canção, as amantes se acham "Com lua cheia / E à beira-mar", elas passam de sujeitos atualizados para sujeitos realizados. Para compreender esse processo, porém, é necessário analisar o caminho da modalidade do /dever/ na narrativa.

Desde o início da letra, os actantes demonstram o desejo da realização amorosa em meio às dificuldades de operar com valores diferentes dos aceitos pela sociedade. Se, por um lado, o amor é "urgente" e "serenado" e as mulheres têm "As bocas salgadas / Pela maresia", além de poderem se enluarar "De felicidade"; por outro, o amor é "proibido" e elas têm "As costas lanhadas / Pela tempestade"[35], pois a cidade em que elas viviam não tinha lua e ficava distante do mar. Se as duas desejam o mar e a lua, que são os objetos figurativos, e a cidade não os possui, isso significa que os valores investidos pelas mulheres nos objetos figurativos não são compartilhados pela cidade. Esses valores são a realização amorosa e, por extensão, a aceitação em relação a casos amorosos dessa natureza. Portanto, a cidade não é capaz de tolerar a relação das duas: o amor, embora urgente, é proibido.

---

34. Cf. Diana Luz Pessoa de Barros, "Paixões e Apaixonados: Exame Semiótico de Alguns Percursos". *Cruzeiro Semiótico*, p. 65.
35. Esses versos são a figurativização da *segregação* (cf. item 5 do capítulo 2) a que as "transgressoras" estão submetidas.

Na quarta estrofe, surge a imagem de um rio, "Tão cheio de lua / E que continua / Correndo pro mar", que possui exatamente os valores que a cidade não possui. Olhando para o rio, as duas percebem a possibilidade de realização amorosa, até que, seguindo "correnteza abaixo", conseguem transformar (o que é sugerido pela repetição do verbo "virar" na última estrofe) o estado disjuntivo em conjuntivo, descobrindo-se ao final da canção "Com lua cheia / E à beira-mar". O fato de esse rio levá-las à realização amorosa indica que as amantes tiveram, para atingir a conjunção com o objeto de valor, de se afastar daquela cidade, num movimento, na subdimensão da espacialidade, de deslocamento. Portanto, se a conjunção só se dá com o afastamento da cidade, é porque o /dever não fazer/ impedia que os actantes se tornassem sujeitos realizados. Assim, nesse contexto, o /dever não fazer/ da cidade é substituído pelo /não dever não fazer/ do rio, num outro percurso de diminuição de tensão, em que resistência ativa dá lugar à vontade ativa[36].

No entanto esse afastamento não é, necessariamente, espacial[37], do ponto de vista literal. Esse rio é, evidentemente, o caminho que leva ao estado conjuntivo, mas isso não significa que as duas tiveram que abandonar a cidade para viver a relação amorosa. Talvez seja mais interessante pensar que o rio é o verdadeiro *espaço da transgressão*, onde, "Rolando no leito, / Engolindo água, / Boiando com as algas, / Arrastando folhas, / Carregando flores / E a se desmanchar", as amantes encontraram forças para que o /querer fazer/ vencesse o /dever não fazer/.

A transformação da junção que se opera no final da letra da canção constitui a fase da *performance* da sequência narrativa. O destinatário da manipulação e da competência torna-se o sujeito de

---

36. Cf. Algirdas Julien Greimas, *Du Sens II*, p. 87.
37. A análise da questão espacial ficará para o nível discursivo.

MAR E LUA

fazer da *performance*, isto é, as amantes é que serão o sujeito operador da transformação. A *performance* pode ser representada assim:

$$S^1 \rightarrow S^2 \cup Ov \rightarrow S^2 \cap Ov,$$

em que S^1 é o sujeito de fazer e S^2 é o sujeito de estado, não importando qual dos actantes está sendo representado, pois as duas mulheres são sujeitos semanticamente equivalentes em *Mar e Lua*. Pode-se ainda dizer que, neste caso, S^1, ao operar a transformação, produz um enunciado de fazer cujo objeto sintático "não é um valor qualquer, mas um enunciado de estado"[38].

O /querer fazer/ e o /querer ser/, que perpassam toda a letra da canção, sobrepõem-se aos poucos ao /dever não fazer/ e ao /dever não ser/, de forma que a euforia projetada na natureza individual vence a disforia da cultura social, confirmando o impulso transgressor de *Mar e Lua*. O valor modal do /querer fazer/ se associa ao valor descritivo subjetivo[39], que se manifesta, por sua vez, na felicidade e na satisfação da realização amorosa.

Para completar a sequência narrativa, resta analisar a fase da sanção. A transformação do estado disjuntivo em conjuntivo, que se deu na fase da *performance*, é reconhecida a esta altura, o que indica que houve uma sanção cognitiva, em que o destinador-julgador

[...] interpreta os estados resultantes do fazer do sujeito, definindo-os como verdadeiros (que parecem e são) [...]. [Assim a sanção] se faz em nome de uma ideologia, da qual depende, em suma, o sentido do percurso narrativo realizado[40].

---

38. *Idem*, p. 70.
39. Esse valor descritivo subjetivo corresponde àquilo que se pode chamar de "estados de alma", que é a expressão usada no *Dicionário de Semiótica* (Algirdas Julien Greimas & Joseph Courtés, p. 483).
40. Diana Luz Pessoa de Barros, *Teoria do Discurso: Fundamentos Semióticos*, p. 40.

CHICO BUARQUE – A TRANSGRESSÃO EM TRÊS CANÇÕES

Os valores da sanção, se comparados aos da manipulação, permitem uma abordagem interessante. Já foi dito que as amantes estavam sob o efeito de duas manipulações: uma, da natureza individual, que levava ao /querer fazer/, e outra, da cultura social, que gerava o /dever não fazer/. A partir do momento em que a sanção cognitiva reconhece a transformação, confirmando a homossexualidade da relação amorosa, surgem duas possibilidades de análise: se considerarmos a primeira manipulação, o manipulador e o julgador operam com os mesmos valores; se considerarmos a segunda, o manipulador e o julgador não têm os mesmos valores[41]. Usando a terminologia de Barthes, no primeiro caso, a narrativa é conservadora, de intencionalidade recursiva e conservação tensiva, e, no segundo, a narrativa é reformadora, de intencionalidade diretiva e variação tensiva[42]. O fato de a letra de *Mar e Lua* poder ser estudada nas duas perspectivas corrobora o jogo de paixões contraditórias envolvidas na transgressão. Ainda é possível sugerir que há na canção uma sanção pragmática, em que as mulheres são recompensadas[43], "Com lua cheia / E à beira-mar", pelo seu esforço em manter a relação amorosa.

A sanção confirma, pois, que a grande paixão envolvida na canção é o /querer/. Essa modalidade é aspectualizada pela duratividade, pois em nenhum momento os actantes demonstram uma diminuição do desejo de estar em conjunção com o *amor proibido*.

A transformação da junção, que é a base da análise narrativa, é motivada necessariamente por uma modalidade "fundamental"

---

41. No nível discursivo, será possível mostrar que, para compreender, com um pouco mais de cuidado, os valores que estão sendo colocados na sequência narrativa, é necessário analisar o papel do enunciador-narrador, explicitando seus valores e, por extensão, a ideologia que subjaz aos enunciados.

42. *Idem*, p. 45.

43. Essa recompensa também será explicitada no nível discursivo.

MAR E LUA

(/querer/, /dever/, /poder/ ou /saber/), que impulsiona o sujeito de fazer a atingir a *performance*.

[Essa] transformação como quebra pontual, constitutiva do descontínuo analisável, [...] abre novas interrogações: operação abstrata, mas formulada, em nível mais superficial, como fazer do sujeito, ela obriga a imaginar condições prévias a esse fazer, uma competência modal do sujeito narrativo tornando possível sua execução[44].

De maneira simplificada, pode-se dizer que a competência modal do sujeito se define pela posse de pelo menos uma sobremodalização. Combinadas, as sobremodalizações geram as paixões.

A partir das sete paixões-lexemas propostas por Greimas e Fontanille[45], podemos dizer que interessa, para a análise de *Mar e Lua*, as denominações taxinômicas modalizadas sobretudo pelo /querer/: a inclinação e, principalmente, o caráter. Recorrendo ao *Petit Robert* para definir as paixões-lexemas, tem-se que a inclinação é "um movimento afetivo espontâneo em direção a um objeto ou a um fim" e o caráter é "o conjunto de maneiras habituais de sentir e de reagir que distinguem um indivíduo de outro". A inclinação, que está presente na formação passional dos actantes de *Mar e Lua*, tem uma disposição permanente, embora não se manifeste necessariamente de maneira contínua; além disso, a competência é suposta. Já o caráter define com mais precisão o universo passional das amantes da canção, pois, no seu caso, a disposição é permanente, a manifestação é contínua e a competência é reconhecida. A "intensidade" do caráter, que está ligado a valores absolutamente subjetivos, traduz mais eficientemente a busca incessante dos sujeitos em nome da realização amorosa.

44. Algirdas Julien Greimas & Jacques Fontanille, *Semiótica das Paixões*, p. 10.
45. Cf. item 4 do capítulo 2.

Sem querer entrar em discussões psicológicas sobre a natureza do caráter, pode-se intuir que ele, ainda que potencialmente mutável, apresenta uma "rigidez" passional maior do que a inclinação, por exemplo. Assim, é o caráter dos actantes (e, por extensão, sua disposição permanente) que os leva à incessante busca pela conjunção com o objeto de valor. O fato de as amantes terem conseguido vencer os empecilhos sociais, que lhes impunham o /dever não fazer/, confirma a intensidade do caráter envolvido na narrativa.

A combinação "caráter-inclinação-querer fazer-dever não fazer" estrutura a paixão dominante em *Mar e Lua*. Essa paixão está diretamente ligada ao conceito de transgressão, que se realiza plenamente na letra da canção, pois os valores individuais do transgressor se impõem sobre as interdições sociais do grupo a que ele pertence. Quando se opera a conjunção na letra da canção, realiza-se a transgressão.

3. O Amor Serenado – a Instância da Enunciação

O enunciado de *Mar e Lua* apresenta duas amantes que vivem a história de um amor urgente, serenado e proibido. Em nenhum momento esses atores são transformados em interlocutores, pois é o narrador que conduz com a própria voz toda a narrativa (apenas na terceira estrofe há uma frase em discurso indireto). Esse narrador é implícito, o que produz um efeito de sentido de objetividade, pois ele não se vale de nenhuma debreagem actancial enunciativa para instalar o *eu* no discurso.

Esse efeito de sentido de objetividade indicaria, num primeiro momento, que o enunciador-narrador, ao evitar deixar marcas das projeções da enunciação no enunciado, não se envolve com a matéria do discurso. Mas a questão não é tão simples.

MAR E LUA

Levando em conta inicialmente a categoria de pessoa, perce-be-se que as amantes são várias vezes debreadas enuncivamente ("Amaram", "Levantavam", "enluaravam", "Amavam", "foram"), sempre em debreagens de primeiro grau. Note-se que elas são de-breadas sempre juntas, de modo que acabam recebendo o mesmo estatuto discursivo.

Também na categoria de pessoa, vale a pena comentar o efeito produzido pelo verso "Todo mundo conta". "Todo mundo" é, numa primeira leitura, uma debreagem actancial enunciva que aparece logo após o advérbio "hoje"[46], que está no verso anterior: "hoje é sabido" é uma debreagem temporal enunciativa que instala o *agora* da enunciação, o que permite inferir que o "Todo mundo" inclui o enunciador, constituindo um *nós*, isto é, uma pessoa ampliada. Portanto, a expressão "Todo mundo" poderia ser considerada uma embreagem actancial enunciativa, em que se neutralizam as catego-rias do *ele* e do *nós*[47], gerando um efeito de sentido de objetividade. Pode-se apontar também que o verso "Todo mundo conta", devido ao verbo *dicendi*, é um caso de enunciação reportada.

A ausência de debreagens actanciais enunciativas associada às pequenas projeções da enunciação no enunciado dá ao narrador de *Mar e Lua* um aspecto misterioso. Para desfazer esse mistério, é necessário recorrer à categoria de tempo. O uso da forma verbal "Amaram" nas duas primeiras estrofes marca "uma relação de anterioridade entre o momento do acontecimento e o momento de referência presente"[48], o que caracteriza o pretérito perfeito 1. Assim, "Amaram" instala a anterioridade ao *agora* da enunciação,

---

46. "Hoje" é um advérbio que exprime concomitância e está no sistema temporal enunciativo (José Luiz Fiorin, *As Astúcias da Enunciação*, p. 167).
47. *Idem*, p. 87.
48. *Idem*, p. 152.

CHICO BUARQUE – A TRANSGRESSÃO EM TRÊS CANÇÕES

constituindo uma debreagem temporal enunciativa. Portanto, na categoria de tempo, há mais projeções da enunciação no enunciado do que na categoria de pessoa. A partir do verso "Levantavam as saias", o pretérito imperfeito passa a ser usado com mais frequência ("Levantavam", "enluaravam", "Amavam" e "andava"), indicando "a concomitância do momento do acontecimento em relação a um momento de referência pretérito"[49].

Como o pretérito imperfeito é aspectualizado pela duratividade (enquanto o pretérito perfeito 2 seria aspectualizado pela pontualidade), as formas verbais no imperfeito traduzem muito bem o caráter da relação amorosa das duas mulheres. Portanto, depois de instalada a anterioridade ao *agora* da enunciação com o pretérito perfeito 1, o enunciador se vale do pretérito imperfeito para representar o aspecto inacabado e não limitado do amor entre as mulheres.

Na quarta estrofe, o pretérito perfeito volta a ser usado, mas como verbo auxiliar de uma locução verbal cujo verbo principal vem no gerúndio. A forma verbal "foram" é acompanhada de vários verbos no gerúndio ("Ouvindo", "Sentindo", "Carregando" e "Virando", por exemplo), e essas locuções, analogamente às formas verbais no imperfeito, "descrevem" a ação da transgressão, já que o gerúndio também é aspectualizado pela duratividade, criando um efeito de sentido de lentidão durante a transformação. Do ponto de vista tensivo, essa lentidão contrasta com o desejo da transgressão, marcado pela aceleração, reforçando a dualidade do andamento.

Aliás, considerando os efeitos de sentido gerados pela categoria de tempo, pode-se dizer que o uso insistente do pretérito em *Mar e Lua* produz um efeito de sentido de afastamento da instância da enunciação. Apenas nos versos "Pois hoje é sabido /

---

49. *Idem*, p. 155.

MAR E LUA

Todo mundo conta", o presente é usado para indicar a concomitância entre o narrado e o momento da enunciação. Por isso, é possível levantar a hipótese de que o narrador, devido ao afastamento temporal, não compartilha os valores dos atores principais da canção. Mas não é exatamente isso que ocorre. Passemos à categoria de espaço.

O espaço linguístico se ordena a partir do *aqui* da enunciação. A cidade, "Distante do mar" e "Que não tem luar", é o espaço narrativo dos acontecimentos. Se o enunciador-narrador usa o demonstrativo "aquela" para se referir à cidade, pode-se, numa primeira leitura, imaginar tratar-se de uma debreagem espacial enunciva. Acontece que os versos "Pois hoje é sabido / Todo mundo conta", como já foi demonstrado, incluem o narrador entre aqueles que tomaram conhecimento da história do *amor proibido*. "Todo mundo", categoria actancial, e "cidade", categoria espacial, possuem conformidade semântica, não sendo absurdo concluir que "Todo mundo", por ter acompanhado o desejo das amantes em ficarem juntas, são os habitantes da cidade. Sendo assim, a canção poderia produzir um efeito de sentido de aproximação entre o narrador e a cidade, mas o que ocorre é exatamente o contrário. O verso "Naquela cidade" é, na realidade, uma especificação de um *nesta* neutralizado. Portanto, *naquela* significa *nesta*[50]. Trata-se de uma embreagem espacial enunciva. Essa embreagem comprova, como havia sido sugerido no nível narrativo, que o enunciador-narrador procura se afastar dos valores "daquela cidade", aproximando-se assim dos valores das amantes. Em outras palavras, embora não haja marcas textuais claras de que o enunciador-narrador defende a transgressão proposta pela relação amorosa, não se pode negar

50. *Idem*, p. 288.

CHICO BUARQUE – A TRANSGRESSÃO EM TRÊS CANÇÕES

que a canção, no mínimo, não condena o amor entre as duas mulheres[51].

O rio, o mar e a lua também poderiam ser tomados como categorias espaciais, porém é mais interessante, para o percurso gerativo de sentido, considerá-los figuras discursivas que recobrem o tema da transgressão.

Com efeito, o /querer fazer/ e o /dever não fazer/, que são os valores do nível narrativo, "disseminam-se, sob a forma de temas, em percursos temáticos e recebem investimento figurativo, no nível discursivo"[52].

O tema mais amplo de *Mar e Lua* seria a própria transgressão, o que se percebe, logo no princípio da canção, quando a figura das "costas lanhadas" sugere o tema do sofrimento decorrente da dificuldade da realização amorosa e a figura da "tempestade" reveste o tema da incapacidade da cidade em aceitar aquele relacionamento. Em seguida, a figura das "noturnas praias" reforça o tema da transgressão ao associar o "amor urgente" à noite, que, por estabelecer uma relação de similaridade com a escuridão, sugere que as amantes não podiam se encontrar à luz do dia. Na quarta estrofe, os três primeiros versos reforçam a figura da "tempestade", suscitando um princípio, ainda que tímido, de iconização[53], pois até este momento havia apenas processos de figuração. Nas duas últimas estrofes, quando se opera a

51. Usando a metalinguagem proposta por Eric Landowski, em relação aos valores do enunciador, não houve assimilação, mas houve admissão (cf. nota 64 do capítulo 2).
52. Diana Luz Pessoa de Barros, *Teoria do Discurso: Fundamentos Semióticos*, p. 115.
53. Considerando que a iconização consiste em apresentar figuras dotadas "de investimentos particularizantes" e "suscetíveis de produzir ilusão referencial" (Algirdas Julien Greimas & Joseph Courtés, *Dicionário de Semiótica*, p. 223), pode-se imaginar que "marcadas", "risadas" e "arrepios" e, mais adiante, "Rolando", "Engolindo" e "E a se desmanchar" não instalam simplesmente as figuras semióticas, mas iniciam um processo de referencialização. Como figuração e iconização não são categorias polarizadas, é necessário diferenciar a figuração pura daquela que já recebe influência da iconização.

conjunção com o objeto de valor (que funciona como uma verdadeira recompensa ao esforço das amantes), são retomadas figuras ("Rolando no leito", "Engolindo água" e "Virando seixos", por exemplo) que recobrem o mesmo tema revestido pelas "costas lanhadas".

As figuras do mar e da lua revestem, como veremos, o tema da transgressão[54]. "Mar" e "lua", aliás, são figuras que possuem o mesmo estatuto discursivo. Tanto é assim que versos como "Das noturnas praias" e "Prateada areia" colocam-nas na mesma unidade de sentido. Enquanto os atores se identificam com essas figuras, a cidade se afasta delas, o que reforça o jogo passional /querer fazer/ e /dever não fazer/ da canção. O rio, na letra da canção, é uma figura que representa o meio (ou o instrumento) pelo qual os atores poderão consolidar a transgressão.

Essa relação tema-figura é mediada pela cultura, não apenas no sentido antropológico, de maneira que a instância da enunciação deixa transparecer, sob a forma das figuras, a ideologia que orientou a produção discursiva. De fato, a enunciação se define como

[...] uma espécie de *depósito de figuras*, a partir de que o sujeito da enunciação especifica e concretiza os temas abstratos e reveste semanticamente a narrativa. O depósito forma-se no tempo e no espaço, historicamente, e o discurso figurativizado, graças a seu dispositivo de figuras, relaciona-se com o "extradiscursivo" e constitui-se ideologicamente. As figuras são, por

---

54. É importante salientar que essa relação tema (transgressão) e figura (mar e lua) não pressupõe uma correlação efetiva (analógica, "real") entre a língua natural e o mundo natural. "A relação intersemiótica – mundo e língua – não deve ser entendida como a instauração de laços analógicos entre realidade e discurso ou de confusão entre imagens do mundo e figuras discursivas. O discurso figurativizado resulta da construção de sentido efetuada pelo sujeito da enunciação, trabalho esse representado sob a forma do percurso gerativo. O discurso não é a reprodução do real, mas a criação de efeitos de realidade, pois se instala, entre mundo e discurso, a mediação da enunciação" (Diana Luz Pessoa de Barros, *Teoria do Discurso: Fundamentos Semióticos*, p. 117).

excelência, o lugar do ideológico no discurso[55].

A ideologia da transgressão, que subjaz ao percurso figurativo de *Mar e Lua*, confirma a euforia projetada, no nível fundamental, sobre as relações homossexuais. Formam-se, então, duas grandes isotopias: a isotopia "marítima", em que se reiteram as figuras ligadas ao mar, e a isotopia "lunar", em que se reiteram as figuras ligadas à lua e à noite.

Isotopia do "mar"	Isotopia da "lua" e da "noite"
"Pela *maresia*"	"Das *noturnas* praias"
"Distante do *mar*"	"E se *enluaravam*"
"Das noturnas *praias*"	"Que não tem *luar*"
"Ávida de *mar*"	"Grávida de *lua*"
"Correndo pro *mar*"	"Tão cheio de *lua*"
"Prateada *areia*"	"*Prateada* areia"
"E à *beira-mar*"	"Com *lua* cheia"

O interessante é que os dois últimos versos da canção ("Com lua cheia, / E à beira-mar") promovem uma verdadeira fusão dessas duas figuras[56] – assim como já havia ocorrido com "Das noturnas praias" e "Prateada areia" –, o que reforça a ideia de que essas isotopias figurativas remetem ao tema da transgressão. Assim, é como se o título da canção já sugerisse o tema principal da configuração discursiva. Ainda em relação ao nível figurativo, vale notar que a canção também repete uma série de figuras que recobrem outros

55. *Idem*, pp. 123-124.
56. O que é uma maneira de representar a transformação da junção, isto é, o momento em que as amantes entram em conjunção com o objeto de valor e chegam à realização da transgressão.

MAR E LUA

temas – ligados ao tema principal, que é a transgressão – presentes na letra de *Mar e Lua*.

TEMAS	FIGURAS DISCURSIVAS QUE REVESTEM TEMAS
Sofrimento decorrente da dificuldade de realização amorosa	"As costas lanhadas", "Das noturnas praias", "Que uma andava tonta", "E outra andava nua", "E foram ficando marcadas / Ouvindo risadas / Sentindo arrepios", "Rolando no leito / Engolindo água / Boiando com as algas / Arrastando folhas / Carregando flores / E a se desmanchar".
Incapacidade da sociedade em aceitar o relacionamento	"Pela tempestade", "Naquela cidade / Distante do mar", "Das noturnas praias", "Naquela cidade / Que não tem luar", "Amavam o amor proibido", "Ouvindo risadas".
Intensidade do desejo de realização amorosa	"Amaram o amor urgente / As bocas salgadas / Pela maresia", "Amaram o amor serenado", "E se enluaravam / De felicidade", "Grávida de lua", "Ávida de mar", "Sentindo arrepios".
Capacidade de lutar contra as interdições sociais	"E foram correnteza abaixo", "E foram virando peixes / Virando conchas / Virando seixos / Virando areia / Prateada areia"[57].

É claro que cada uma das figuras do texto poderia ser analisada e associada a um tema mais específico, mas essa classificação, embora generalizadora, já é suficiente para mostrar que são essas quatro linhas temáticas que estruturam a transgressão de *Mar e Lua*: a *intensidade do desejo de realização amorosa* representa o /querer fazer/; a *incapacidade da sociedade em aceitar o rela-*

57. Essa tabela leva em consideração o princípio de que um único tema pode ser revestido por várias figuras diferentes. Como notou Courtés, assim como uma única figura pode remeter a vários temas diferentes, várias figuras podem "ilustrar, por assim dizer, o mesmo tema". É esta, por exemplo, a estrutura da *parábola*, "que apresenta um mesmo dado conceitual (isto é, um tema) sob diversas expressões figurativas" (Joseph Courtés, *Analyse Sémiotique du Discours*, p. 167).

87

CHICO BUARQUE – A TRANSGRESSÃO EM TRÊS CANÇÕES

cionamento, o /dever não fazer/; a *capacidade de lutar contra as interdições sociais*, o /saber fazer/ e o /poder fazer/; e o *sofrimento decorrente da dificuldade de realização amorosa* atesta a dificuldade inerente a qualquer atitude do transgressor. Desse modo, as figuras discursivas da letra da canção constroem, de maneira precisa, o percurso da transgressão.

Para compreender melhor a coerência semântica do texto, é preciso recuperar a figura do rio, que aparece na quarta estrofe e é retomada várias vezes até o final da canção. Como já foi dito, pode-se considerá-lo apenas sob a perspectiva espacial, postulando que as amantes, para chegar à realização amorosa, tiveram que se afastar da cidade. Porém, analisando as projeções da enunciação no enunciado, ficou claro que, se "Todo mundo conta" (inclusive o enunciador-narrador) a história desse *amor proibido*, é porque "todo mundo" pôde assistir à realização amorosa (ou, pelo menos, pôde ficar sabendo dela), o que descarta, em princípio, a possibilidade de afastamento espacial. Por isso, é mais conveniente tomar a figura do rio como uma maneira de representar o /poder fazer/, sendo que o verso "E foram correnteza abaixo" marca o exato momento em que as amantes resolvem enfrentar as interdições sociais para entrar em conjunção com o mar e a lua. O deslocamento que identificamos no nível tensivo é, pois, não literal.

No início deste capítulo, mostramos quais eram os elementos textuais que permitiam concluir que *Mar e Lua* narrava um caso de amor entre mulheres. No entanto, os pronomes "uma" e "outra" e os adjetivos "tonta", "grávida", "nua", "ávida" e "marcadas", embora estejam no gênero feminino, poderiam estar concordando com a ideia de pessoas, como se o amor proibido se desse entre duas pessoas, e não necessariamente entre duas mulheres. Ainda que

MAR E LUA

essa possibilidade seja remota, ela existe, de modo que é o verso "Levantavam as saias" que vai apontar com precisão a natureza daquele relacionamento. Desse modo, uma leitura que desconsiderasse a importância da figura das "saias" poderia associar esse *amor proibido* a outros tipos de interdições sociais[58].

Portanto, o verso "Levantavam as saias" é um elemento desencadeador de isotopia[59], pois é ele que faz com que *Mar e Lua* seja lido como uma história de amor entre duas mulheres.

Considera-se que um elemento desencadeia uma isotopia quando não pode ser integrado a uma dada leitura já reconhecida. Os resíduos de isotopias obrigam, assim, a propor-se um novo plano isotópico[60].

Se se percebe que o verso "Levantavam as saias" é um desencadeador de isotopia, os pronomes e os adjetivos no gênero feminino da terceira estrofe são lidos como manifestação da relação homossexual[61]. Se não, corre-se o risco de enxergar em *Mar e Lua* apenas um conflito semelhante, por exemplo, a *Amor de Perdição*.

---

58. Narrativas como *O Guarani* ou *O Crime do Padre Amaro*, por exemplo, também tematizam amores não prescritos, embora a origem da proibição social seja outra.

59. De fato, é como se os marcadores de gênero em *Mar e Lua* formassem uma isotopia da homossexualidade, que seria desencadeada justamente pelo verso "Levantavam as saias".

60. Diana Luz Pessoa de Barros, *Teoria do Discurso: Fundamentos Semióticos*, p. 126.

61. Na peça de teatro *Calabar*, de 1973, Chico Buarque e Ruy Guerra incluíram uma canção com a qual *Mar e Lua* mantém uma relação de interdiscursividade por citação (cf. José Luiz Fiorin, "Polifonia Textual e Discursiva", *Dialogismo, Polifonia, Intertextualidade*, p. 32). Trata-se da canção *Bárbara*, em que os diversos marcadores de gênero é que permitem apontar que a canção narra uma relação homossexual. Eis um fragmento da letra, em que as amantes Anna e Bárbara estão conversando: "O meu destino é caminhar assim / Desesperada e nua / Sabendo que no fim da noite / Serei tua // Deixa eu te proteger do mal / Dos medos e da chuva / Acumulando de prazeres / Teu leito de viúva // [...] Vamos ceder enfim à tentação / De nossas bocas

CHICO BUARQUE – A TRANSGRESSÃO EM TRÊS CANÇÕES

4. O Mar e a Lua – "Verdadeira Medalha de Duas Faces"[62]

Mar e Lua possui seis estrofes[63], cada uma com sete versos, produzindo um esquema rítmico regular. Cada estância possui um verso inicial de sete (1ª e 6ª estrofes) ou oito sílabas poéticas (2ª, 3ª, 4ª e 5ª estrofes), sendo que o restante das estrofes contém versos pentassílabos. Na sexta estrofe, há uma alteração rítmica e os seis últimos versos são compostos por quatro sílabas.

Considerando que as estrofes de sete versos não são usadas com muita frequência[64] na poesia de Língua Portuguesa e que a letra da canção parece possuir um ritmo relativamente tradicional, é possível postular que, na realidade, o primeiro verso de cada estrofe funciona como uma espécie de "refrão" que introduz seis sextilhas ao longo do texto. Com efeito, o fato de esses primeiros versos terem sete ou oito sílabas faz com que eles ganhem um destaque rítmico.

cruas / E mergulhar no poço escuro / De nós duas // E vou viver agonizando / Uma paixão vadia / Maravilhosa e transbordante / Feito uma hemorragia" (Chico Buarque & Rui Guerra, *Calabar – o Elogio da Traição*, pp. 73-74).

62. Essa expressão está no "Prefácio à 2ª Parte" de *Lira dos Vinte Anos*, de Álvares de Azevedo (p. 192).

63. A divisão do texto de uma canção em versos e estrofes nem sempre é uma tarefa simples. As transcrições da letra apresentadas em Chico Buarque (*Letra e Música* e *Tantas Palavras*), Gilberto de Carvalho (*Chico Buarque: Análise Poético-musical*) e Adelia Bezerra de Meneses (*Figuras do Feminino na Canção de Chico Buarque*), bem como a que aparece no encarte do LP VIDA, dividem a canção em apenas duas estrofes: uma com dezoito, outra com dezenove versos. Neste trabalho, preferimos levar em consideração a posição das rimas, a quantidade de sílabas poéticas, as regularidades rítmicas e as pausas da canção, para estabelecer uma versificação e uma estrofação mais coerentes com o conteúdo expresso. No final deste volume, apresentamos as transcrições das letras de *Mar e Lua*, *Uma Canção Desnaturada* e *Não Sonho Mais* que usamos como referência.

64. Cf. Manuel Said Ali, *Versificação Portuguesa*, pp. 137-138.

Os seis primeiros versos de cada estrofe podem então ser dividos em dois grupos: os três primeiros, que comprovam o amor entre as mulheres, e os três últimos, que marcam o início da *performance* de aquisição. *"Amaram* o amor urgente", *"Amaram* o amor serenado" e *"Amavam* o amor proibido", por meio de paronomásias e da anáfora, reiteram a intensidade amorosa, enquanto *"E foram* ficando marcadas", *"E foram* correnteza abaixo" e *"E foram* virando peixes", por meio da anáfora, enfatizam a busca pela realização amorosa. Fazendo uma analogia com o nível narrativo, tem-se que as três primeiras estrofes confirmam a existência do amor proibido, enquanto as três últimas mostram as amantes procurando atingir o estado conjuntivo. Portanto, o verso inicial da quarta estrofe ("E foram ficando marcadas") marca o início da transformação da junção; talvez por isso ele possua marcas no nível da expressão que o diferenciam do "refrão" das três estrofes iniciais.

O arranjo[65] da gravação original de *Mar e Lua*, de autoria do pianista Francis Hime, contribui para confirmar a importância da divisão da canção em duas partes. Eis uma descrição simples do arranjo da canção:

- Introdução (instrumental): flauta e violão.
- 1ª parte / 1ª e 2ª estrofes: voz, violão e piano.
- 1ª parte / 3ª estrofe: voz, flauta, violão e piano.
- Repetição da melodia da introdução (instrumental): cordas, flauta, violão e piano.

---

65. A canção popular colocou vários problemas teóricos para a Semiótica: um deles é a questão do arranjo. Parece-nos adequado colocá-lo no nível da manifestação, pois ele é decisivo para determinar as características do plano da expressão por meio do qual o conteúdo se manifesta.

CHICO BUARQUE – A TRANSGRESSÃO EM TRÊS CANÇÕES

- 2ª parte[66] / 4ª, 5ª e 6ª estrofes: voz, cordas, violão e piano.
- Repetição da melodia da introdução (instrumental): cordas, flauta, violão e piano.

O acréscimo de um instrumento em determinados momentos da canção vale alguns comentários. As duas primeiras estrofes, que apresentam o caso amoroso urgente e serenado, têm o acompanhamento instrumental mais simples: piano (que substitui a flauta da introdução) e violão. A terceira estrofe, que apresenta explicitamente o amor proibido e mostra as amantes em estado disjuntivo, apresenta a flauta e mantém o violão e o piano. Portanto, é como se a flauta, no plano da expressão, marcasse uma novidade rítmica, sendo correspondente à transgressão captada, nesta estrofe, pelo percurso gerativo de sentido. Aceitando-se essa hipótese e retomando que a introdução instrumental da canção já continha a flauta, pode-se ousar que a flauta permitiria que a canção, desde seu início instrumental, fosse lida como a história de um amor proibido. Depois da terceira estrofe, há uma pausa no canto e repete-se a mesma melodia da introdução, só que agora com a presença de um arranjo de cordas, que serão mantidas até o final de *Mar e Lua*. A quarta estrofe deixa a flauta de lado e o acompanhamento instrumental é feito pelo violão, pelo piano e, em primeiro plano, pelas cordas. A continuidade (ou a duratividade) melódica dos instrumentos de cordas (violino, viola, violoncelo e contrabaixo) – reforçada pelo fato de esses instrumentos serem na maioria das vezes tocados com arcos – deixa o piano e o violão em segundo plano. As cordas caracterizam, portanto, o acompanhamento instrumental da canção na sua segunda parte. Não é absurdo pensar que as cordas tradu-

66. Aqui, a expressão "segunda parte" está sendo usada de maneira livre, e não como foi proposta por Luiz Tatit (*Semiótica da Canção*, p. 77).

MAR E LUA

zem, no plano da expressão, a transformação da junção no nível narrativo[67]. O final da canção repete a melodia da introdução, com a flauta, as cordas, o piano e o violão "envolvendo" a segunda parte com a mesma melodia no seu início e no seu fim.

A divisão da canção em duas partes faz com que *Mar e Lua* se defina por uma verdadeira medalha de duas faces, que se completa com o fato de as figuras do mar e da lua e de os papéis actanciais das amantes terem, como já foi provado, o mesmo estatuto discursivo. Em outras palavras, as figuras do mar e da lua recobrem os mesmos temas, e as amantes não possuem diferenças passionais, sendo apresentadas sob a influência das mesmas modalidades. Assim, a divisão da canção em duas partes (tanto no nível da expressão quanto no nível do conteúdo) pode ser associada com a "divisão" dos valores em dois objetos figurativos e com "divisão" do sujeito de estado em dois atores.

Em relação às rimas, é notável que a maioria delas seja emparelhada, pois assim se cria uma espécie de gradação rítmica, dando maior fluência melódica aos versos e produzindo, mais uma vez, um efeito de sentido de duratividade. As rimas são quase todas entre palavras paroxítonas, embora o último verso de cada estância contenha uma oxítona ("mar", "luar", "mar", "mar", "desmanchar" e "beira-mar") para marcar o final da estrofe. Essas oxítonas, na sua forma intensa, são marcadas pela rapidez, mas, na forma extensa, reiteram a longevidade, por meio da gradação rítmica durativa da letra da canção. Todas essas oxítonas constituem rimas perfeitas.

---

67. Essa mesma leitura do papel das cordas no nível da manifestação é possível na gravação original de *Valsinha*, de Chico Buarque e Vinicius de Moraes, do LP CONSTRUÇÃO (Philips, 1971), com direção musical de Magro, integrante e arranjador da primeira formação do MPB-4.

CHICO BUARQUE – A TRANSGRESSÃO EM TRÊS CANÇÕES

Por fim, resta mostrar o porquê de a última estrofe possuir versos de quatro sílabas, e não de cinco, como no resto da canção. A anáfora da forma verbal "virando" nessa estrofe comprova que é, naquele momento, que está ocorrendo a "viração", isto é, a transformação da junção. O verso de quatro sílabas, cantado sobre uma linha melódica que sustenta versos pentassílabos, é marcado pela desaceleração, o que, associado à aliteração (do /x/) e à assonância (do /e/, do /i/ e do /a/), também reforça a duratividade rítmica de *Mar e Lua* e o andamento marcado pelo retardamento no final da canção.

5. A MELODIA – PRA NÃO DIZER QUE NÃO FALEI DAS CANÇÕES...

O desenvolvimento do percurso gerativo de sentido na Semiótica francesa foi o embrião de análises textuais que deixaram de lado o "impressionismo" com que algumas abordagens interpretativas anteriores eram feitas. Isso abriu perspectivas fundamentais para os estudos da linguagem, mas também originou problemas teóricos cada vez mais complexos, principalmente quando se trata de objetos descritivos como as artes plásticas e a canção.

A Semiótica da canção nasceu da impossibilidade de o percurso gerativo de sentido dar conta de explicar as múltiplas relações que o cancionista estabelece entre letra e melodia e que constituem a base analítica de quem se preocupa com a canção popular. Relações estas que, como num malabarismo[68], promovem na canção a "junção da sequência melódica com as unidades linguísticas"[69].

---

68. O "cancionista mais parece um malabarista. Tem um controle de atividade que permite equilibrar a melodia no texto e o texto na melodia, distraidamente, como se para isso não despendesse qualquer esforço. Só habilidade, manha e improviso. Apenas malabarismo" (Luiz Tatit, *O Cancionista – Composição de Canções no Brasil*, p. 9).
69. *Idem, ibidem*.

A combinação letra-melodia que estrutura a canção popular mostra que, embora o percurso gerativo de sentido possa ser usado na análise da letra de *Mar e Lua*, a Semiótica tradicional greimasiana não dá conta de discutir os aspectos melódicos da canção, de modo que é necessária uma nova metalinguagem para descrever esse "malabarismo".

É possível dividir a melodia da canção em seis núcleos, correspondentes cada um a uma das seis estrofes de *Mar e Lua*. Esses núcleos, que não possuem grandes diferenças melódicas, podem ser agrupados dois a dois. O primeiro recobre a primeira e a quarta estrofes da letra; o segundo, a segunda e a quinta; o terceiro[70], a terceira e a sexta. Todos eles começam com um salto intervalar de uma oitava, isto é, de doze semitons.

Figura 1[71]

maram o amor			
	urgen		
	te as bocas		
	salga		
	das		
A			

70. As melodias da terceira e da sexta estrofes, que constituem esse terceiro núcleo, possuem uma pequena variação, de um semitom, em algumas notas.
71. Nas figuras usadas para apresentar a melodia da canção, cada uma das linhas corresponde a um semitom. Esse é o modelo consagrado na Semiótica da canção, a partir das propostas teóricas de Luiz Tatit.

CHICO BUARQUE – A TRANSGRESSÃO EM TRÊS CANÇÕES

Esse salto intervalar traduz, em sua forma intensa, um movimento disjunto[72] que inicia o percurso melódico da voz. Assim, essa disjunção com o objeto de valor, que se verifica claramente na letra da canção, marca um momento inicial de tensão, reforçado pela "procura" do registro agudo.

Uma voz que busca a frequência aguda [...], mantendo a tensão do esforço fisiológico, sugere sempre continuidade (no sentido de prossecução), ou seja, outras frases devem vir em seguida a título de complementação, resposta ou mesmo como prorrogação das incertezas ou das tensões emotivas de toda sorte[73].

Desse modo, as frases melódicas seguintes ao salto intervalar têm o papel de continuar ou, quem sabe, responder as tensões provocadas pela disjunção.

Figura 2

maram o amor			
	urgen		
	te as bocas		
		salga	
		das pela ma	
		resi	
		a as costas	
A			lanha
		das	

Após o salto intervalar, há uma descida ao grave em graus imediatos que, na forma intensa, representam movimento conjunto.

72. Cf. Luiz Tatit, *Semiótica da Canção*, p. 128.
73. Luiz Tatit, *O Cancionista – Composição de Canções no Brasil*, pp. 21-22.

MAR E LUA

Este se manifesta, na forma extensa, pela gradação descendente[74], que traz a melodia ao ponto de partida, ou seja, a um registro grave.

Assim, uma voz que inflete para o grave, distende o esforço de emissão e procura o repouso fisiológico, diretamente associado à terminação asseverativa do conteúdo relatado[75].

O início da melodia, ao procurar as notas mais altas, confirma a tensão do movimento disjunto, enquanto as frases seguintes, gradativamente se aproximando do registro grave, apontam para o relaxamento de um movimento conjunto. Portanto, é possível captar em *Mar e Lua* um percurso melódico, correspondente ao que foi apresentado no nível tensivo-narrativo, que vai da tensão à distensão e, depois, ao relaxamento (ou da disjunção à não disjunção e, então, à conjunção).

Nos três núcleos melódicos da canção, depois do salto intervalar, há uma gradação descendente que leva a um estado de relaxamento. Há outros saltos intervalares na canção, mas nenhum ultrapassa cinco semitons, de maneira que a maior oscilação na tessitura se dá sempre no início dos núcleos melódicos: por isso, cada uma das estrofes começa com um verso, que funciona como uma espécie de "refrão" (o que já foi sugerido no nível da manifestação), recoberto por uma linha melódica que valoriza o estado disjuntivo de tensão. Por "alimentar uma relação de distância entre sujeito e objeto, o agrupamento quase exclusivo de traços como a desaceleração, alongamentos de duração, contornos, desdobramento e direcionamento da linha melódica"[76] faz de *Mar e Lua* uma canção caracterizada pela *passionalização*, que por sua vez "é

---

74. Cf. Luiz Tatit, *Semiótica da Canção*, p. 128.
75. Luiz Tatit, *O Cancionista – Composição de Canções no Brasil*, p. 21.
76. Luiz Tatit, *Semiótica da Canção*, p. 47.

CHICO BUARQUE – A TRANSGRESSÃO EM TRÊS CANÇÕES

um campo sonoro propício às tensões ocasionadas pela desunião amorosa ou pelo sentimento de falta de um objeto de desejo"[77].

A *passionalização* da melodia de *Mar e Lua* funciona como um intensificador das emoções suscitadas pela letra da canção, que, como vimos, é uma narrativa de *performance* por aquisição. Considerando que a forma extensa da desaceleração é exatamente a extensão (ou a *passionalização*), tem-se que a canção é desacelerada, o que significa dizer que ela "arrasta a obra para o campo da duração"[78].

Mar e Lua é, pois, aspectualizada pela duratividade, tanto na letra quanto na melodia. Nas canções marcadas pela *passionalização*, é comum que a letra aborde

[...] a ausência do outro, o sentimento (presente, passado ou futuro) de distância, de perda [...], enquanto na melodia manifestam-se direções que exploram amplamente o campo da tessitura (de praxe, mais dilatado), servindo-se mais de uma vez de decisões musicalmente complementares: desaceleração do andamento, valorização das durações vocálicas, sobretudo para definir os pontos de chegada – portanto, a direção – dos segmentos melódicos, e, por fim, a prevalência da desigualdade temática[79].

O último núcleo melódico da canção retrata muito bem o jogo movimento conjunto/movimento disjunto (que é correspondente à paixão do /querer ser/ em choque com a interdição social) de *Mar e Lua*.

---

77. Luiz Tatit, *O Cancionista – Composição de Canções no Brasil*, p. 23.
78. Luiz Tatit, *Semiótica da Canção*, p. 97.
79. Luiz Tatit & Ivã Carlos Lopes, *Elos de Melodia e Letra: Análise Semiótica de Seis Canções*, p. 21.

Figura 3

	do			
foram viran	*do*			
	peixes ran	*do*		*da a*
	vi conchas ran		*do a*	
	vi			
	seixos ran			
	vi			
		reia prate		
			reia	
E				

Figura 4

Os trechos em itálico destacam os registros mais agudos (de tensão emocional ligada à disjunção), enquanto os demais trechos representam uma gradação descendente que confirma o movimento conjunto. A aproximação aos registros graves (que não chegam ao ponto inicial desse núcleo melódico) finaliza a canção, asseverando a união das amantes: o que é narrado no plano do conteúdo é, portanto, enfatizado pelo plano melódico.

6. O Fingimento do Cancionista – Limites da Interpretação

Quando em "Autopsicografia", Fernando Pessoa afirmou que o poeta era um fingidor, que fingia que era dor até mesmo a dor que ele sentia, o pai da heteronímia conseguiu, em linguagem literária, mostrar que existe uma diferença fundamental entre o escritor de carne e osso e a *persona* literária que fala nos textos ou, em termos semióticos, o enunciador-narrador.

A partir do momento em que um conteúdo é veiculado por um texto – e estamos pensando aqui nos textos em função estética –, passa a ser irrelevante saber se o autor viveu as experiências apresentadas pelo narrador. Por isso, *a priori*, conhecer a biografia de um escritor não importa para a leitura de sua obra, afinal, se esse conhecimento fosse um pressuposto para a interpretação, seria praticamente impossível ler Homero, Shakespeare ou Gil Vicente, de cujas vidas se sabe pouco ou nada.

Deixem-me dizer-lhes que não tenho o menor interesse pelo autor empírico de um texto narrativo (ou de qualquer texto, na verdade). Sei que estarei ofendendo muitos dos presentes que talvez dediquem boa parte de seu tempo à leitura de biografias de Jane Austen ou Proust, Dostoievsky ou Salinger, e também sei perfeitamente como é maravilhoso e empolgante vascular a vida privada de pessoas reais que amamos como se fossem nossos amigos íntimos. Quando eu era um jovem estudante impaciente, foi um grande exemplo e conforto para mim descobrir que Kant havia escrito sua obra-prima de filosofia na veneranda idade de 57 anos [...]. Mas saber essas coisas não ajuda a decidir se Kant tinha razão quando aumentou de dez para doze o número de categorias[80].

---

80. Umberto Eco, *Seis Passeios pelos Bosques da Ficção*, p. 17.

MAR E LUA

A mesma reflexão vale para a questão do estilo. A totalidade discursiva permite chegar ao *éthos* do enunciador, e não do autor empírico. Não importa se Rosa usava neologismos no dia a dia ou se Machado empregava cotidianamente palavras em sentido irônico[81], mas sim se seus narradores e suas personagens fazem uso desses recursos discursivos.

Na produção musical de Chico Buarque, há muitas canções com eu lírico feminino, o que, por motivos óbvios, torna mais fácil a distinção entre o compositor e as narradoras de seus textos. Ao ouvir *Olhos nos Olhos, O Meu Guri, Atrás da Porta, O Meu Amor* ou *Teresinha* – só para ficar com exemplos célebres –, o fingimento do cancionista é evidente.

Com efeito, o poeta é aquele ser a quem é dado, mais do que aos outros, o poder de manifestar a vida dos afetos [...]. É assim que nas canções de Chico Buarque emerge a fala da mulher, de uma perspectiva, por vezes, espantosamente feminina[82].

Em *Mar e Lua*, não são as mulheres que narram a própria história, mas sim uma espécie de narrador-testemunha[83], que, de alguma forma, valida aquela relação amorosa. De fato, a obra musical

---

81. "É um truísmo nos estudos machadianos a afirmação de que Machado é um homem cético e cínico, que se vale, em sua obra, de um tom irônico. Não interessa se o Machado de carne e osso tinha essas características e falava ironicamente. O que importa é que essa é a figura do autor que se constrói a partir da totalidade de sua obra" (José Luiz Fiorin, *Em Busca do Sentido: Estudos Discursivos*, p. 143).

82. Adelia Bezerra de Meneses, *Figuras do Feminino na Canção de Chico Buarque*, pp. 19-20.

83. A partir do conceito de focalização, proposto por Gérad Genette (*Discurso da Narrativa*, pp. 187-209) e sistematizado por José Luiz Fiorin (*As Astúcias da Enunciação*, pp. 108-111), estamos diante de um caso de focalização parcial interna variável, que também pode ocorrer na onisciência multisseletiva (cf. Eduardo Calbucci, *A Enunciação em Machado de Assis*, pp. 111-112).

CHICO BUARQUE – A TRANSGRESSÃO EM TRÊS CANÇÕES

[...] de Chico Buarque incide diretamente sobre a paixão e, como tantos no universo da canção, extrai sua tensão emocional do estado de disjunção com o objeto de desejo. [...] Da generalidade afetiva à particularização de casos concretos – em que o compromisso figurativo de quem canta é bem maior – o compositor foi abandonando a posição de observador e assumindo os conteúdos como experiência vivida. A redução e a particularização do enfoque intensificaram o calor dos sentimentos expressos, ampliando a gama de narrativas implicadas[84].

Isso leva à conclusão de que, como cancionista, Chico Buarque opera no território da *profundidade*, entendida aqui como "a condensação de temáticas gerais, difusas e complexas, como *solidão*, *liberdade* e *amor*, num breve espaço de tempo (por volta de três minutos) intensamente ativado do ponto de vista emocional"[85].

Quando Tatit fala da "experiência vivida" ou da condensação afetiva de temas difusos e complexos, é preciso deixar claro que estamos nos referindo ao *éthos* veiculado pelas canções, e não ao compositor de carne e osso. Mas, muitas vezes, no senso comum, há uma tentativa de vincular o conteúdo dos textos a acontecimentos efetivamente vividos pelos artistas, sobretudo quando eles acabam, em algum grau, comentando as motivações que tiveram para suas composições.

Em relação a *Mar e Lua*, Gilberto de Carvalho afirma que, "segundo o próprio Chico, ele a fez baseando-se numa crônica que tinha lido (pelo que a letra parece mostrar, essa crônica devia versar sobre o suicídio de duas moças do interior, que se amavam)"[86].

---

84. Luiz Tatit, *O Cancionista – Composição de Canções no Brasil*, p. 236.
85. *Idem*, p. 234.
86. Gilberto de Carvalho, *Chico Buarque: Análise Poético-musical*, p. 95.

MAR E LUA

Daí em diante, essa informação[87] passou a circular como verdade absoluta: "Foi inspirada em uma crônica de jornal, que contava o suicídio de duas amantes, que foram discriminadas pela moral vigente local"[88].

De fato, as duas últimas estrofes apresentam um percurso figurativo em que identificamos a capacidade de lutar contra as interdições sociais, a despeito do sofrimento que isso poderia causar. As transformações sugeridas pela sequência de versos com verbos no gerúndio ("Rolando no leito", "Engolindo água", "Boiando com as algas", "Arrastando folhas" e "Carregando flores") mostram a dificuldade de seguir "correnteza abaixo", até que o último verso ("E a se desmanchar")[89] da quinta estrofe pode ser visto como uma espécie de desumanização, o que seria compatível com o tema do suicídio. Esse processo continua na estrofe final por meio da anáfora da forma verbal "virando" e da gradação descendente dos substantivos ("peixes" → "conchas"→ "seixos" → "areia"), antes do surgimento da "lua cheia" e da "beira-mar".

Essa última estrofe – com versos mais curtos e com uma melodia que também desce, gradativamente, às notas mais graves, como já apontamos – reforça o andamento marcado pela desaceleração (no forema[90] da direção), pelo retardamento (no forema da posição)

---

87. No *site* oficial do compositor, há uma seção de curiosidades sobre a produção de algumas canções. Não consta nenhuma informação sobre *Mar e Lua*.

88. Maria Cleide Rodrigues Bernardino *et. al.*, "O Sujeito Homoerótico Feminino em Chico Buarque: Análise de 'Bárbara' e 'Mar e Lua'", *Magistro*, p. 110.

89. Ao mesmo tempo em que esse verbo pode significar, de acordo com o *Houaiss* (p. 1000), "fazer(-se) em pedaços, reduzir(-se) a fragmentos; despedaçar(-se), fragmentar(-se), destroçar(-se)", o sentido de "decompor(-se) [algo] derretendo ou diluindo; dissolver(-se)" também é possível, reforçando o efeito de difusão na dimensão da extensidade.

90. De acordo com os princípios da Semiótica tensiva, andamento e tonicidade são subdimensões da intensidade, enquanto temporalidade e especialidade são

CHICO BUARQUE – A TRANSGRESSÃO EM TRÊS CANÇÕES

e pela lentidão (no forema do elã)[91], o que é compatível com as transformações que levam às amantes ao rio, que era "cheio de lua" e corria "pro mar", e, portanto, ao estado de conjunção.

Pode parecer contraditório colocar lado a lado o estado de conjunção e o tema do suicídio, mas, no contexto de *Mar e Lua*, a morte estaria sendo avaliada de maneira positiva, como fim dos sofrimentos causados pelas interdições sociais e, ao mesmo tempo, como uma tentativa de projetar a felicidade para outro plano existencial. São muitos os exemplos literários em que a morte – e, em alguns casos, o suicídio – funcionam como uma espécie de redenção, como em *Os Sofrimentos do Jovem Werther*, *Amor de Perdição* ou *Romeu e Julieta*. Do ponto de vista da análise semiótica, o mais importante é compreender que se trata de uma narrativa de aquisição e que, após sofrerem com a cidade sem lua nem mar, elas se tornaram "Prateada areia, / Com lua cheia / E à beira-mar", num processo alegórico em que o rio se torna o meio que permite a realização daquele amor urgente, serenado e proibido.

Assim como o "amor proibido" é tratado com infinita delicadeza, sendo que a atração que as duas moças reciprocamente sentiam metaforizada através de elementos da natureza (mar e lua), também o presumível suicídio das duas é poetizado. A crua realidade do afogamento no rio da cidade, aquilo que seria o fim [...] transforma-se em *metamorfose*, num processo de reintegração à Natureza sob o signo exatamente daqueles mesmos dois elementos aludidos [...][92].

subdimensões da extensidade. Já direção, posição e elã – a partir de uma proposta teórica de Binswanger – são os foremas que se projetam sobre as subdimensões, gerando doze pares de valências. Do ponto de vista conceitual, o forema serve para "prover de figuras, as mais simples possíveis, essa *energia* a que Hjelmslev identificava o sincrônico" (Claude Zilberberg, *Elementos de Semiótica Tensiva*, pp. 72-73 e 261).

91. *Idem*, p. 74.

92. Adelia Bezerra de Meneses, *Figurações do Feminino nas Conções de Chico Buarque*, p. 86.

MAR E LUA

Assim, mais relevante do que propor a hipótese interpretativa do suicídio é identificar as marcas textuais da consolidação daquele amor, o que faz com que essa possível morte seja vista como a única forma possível de concretizar a transgressão. Essa possibilidade de leitura reforça a tese de que os textos de natureza literária são plurissignificativos[93].

A iniciativa do leitor consiste em fazer uma conjectura sobre a *intentio operis*, conjectura essa que deve ser aprovada pelo complexo do texto como um todo orgânico. Isso não significa que só se possa fazer sobre um texto uma e apenas uma conjectura interpretativa. Em princípio, podemos fazer uma infinidade delas. Mas no fim as conjecturas deverão ser testadas sobre a coerência do texto e à coerência textual só restará desaprovar as conjecturas levianas[94].

As hipóteses interpretativas precisam ser testadas e, para isso, é necessário verificar se o texto como um todo sustenta cada possibilidade de leitura. Um grande equívoco é tomar uma passagem de modo isolado, sem levar em conta o "texto como um todo orgânico". Outro equívoco é projetar no enunciado informações extratextuais, que podem vir muitas vezes de um conhecimento anedótico – verdadeiro ou não – que se tem sobre a produção do texto.

No caso de *Mar e Lua*, a "conjectura interpretativa" do suicídio é pertinente, mas não é necessária para uma leitura totalizante da canção. Se for verdadeira, a informação de que o compositor teria lido uma crônica sobre o suicídio de duas amantes, que viviam numa cidade homofóbica, pode gerar essa hipótese interpretativa, que precisa ser testada, como fizemos. Nesse caso, entre a letra

---

93. "O texto utilitário busca ter um único significado, enquanto a linguagem em função estética é plurissignificativa" (José Luiz Fiorin, *Em Busca do Sentido: Estudos Discursivos*, p. 47).

94. Umberto Eco, *Os Limites da Interpretação*, p. 15.

CHICO BUARQUE – A TRANSGRESSÃO EM TRÊS CANÇÕES

da canção e o dado extratextual, há uma relação intradiscursiva contratual[95]. Se a informação for falsa, trata-se de uma mera coincidência, insignificante para os estudos da linguagem.

95. Cf. José Luiz Fiorin, "Polifonia Textual e Discursiva", *Dialogismo, Polifonia, Intertextualidade*, p. 33.

4. Uma Canção Desnaturada

1. O Amor Materno – um Problema de Tensividade

Em 1978, estreou no Rio de Janeiro, no Teatro Ginástico, o quarto musical de Chico Buarque (os três primeiros foram *Roda Viva*, de 1967, *Calabar – o Elogio da Traição*, de 1973, e *Gota d'Água*, de 1975)[1]: a *Ópera do Malandro*, baseada na *Ópera dos Mendigos* (1728), de John Gay, e na *Ópera dos Três Vinténs* (1928), de Bertolt Brecht. Em outubro de 1979, a peça foi recriada em São Paulo sob a direção de Luís Antônio Martinez Correa, o mesmo diretor da primeira montagem.

Para a versão paulista da *Ópera*, Chico acrescentou algumas canções para narrar o drama amoroso de Max Overseas, contrabandista cujo nome verdadeiro era Sebastião Pinto, e de Teresinha Fernandes de Duran, herdeira de uma rede de bordéis da Lapa na década de 1940. *Uma Canção Desnaturada* e *Hino de Duran*, por

---

1. Sem contar *Os Saltimbancos*, que consiste, na verdade, numa versão para o português de um musical italiano.

exemplo, não estão no texto original da peça, mas foram cantadas durante a temporada do musical no Teatro São Pedro. Mais tarde, em 1985, a *Ópera do Malandro* chegou aos cinemas, num filme de Ruy Guerra, velho conhecido de Chico, pois ambos haviam sido parceiros em *Calabar*. Para o filme, foram compostas mais algumas canções, como *Las Muchachas de Copacabana, Aquela Mulher, Sentimental, Desafio do Malandro, O Último Blues, Palavra de Mulher* e *Rio 42*. Assim, a *Ópera do Malandro* tornou-se uma grande comédia musical, do teatro e do cinema, envolvendo cerca de trinta canções. Este capítulo se interessa por uma canção específica da *Ópera*: a sombria e vingativa *Uma Canção Desnaturada*.

Essa canção é o desabafo de uma mãe que, dirigindo-se explicitamente à filha, mostra-se desconsolada com o destino de sua "curuminha". A filha, por ter crescido rápido demais, é amaldiçoada cruelmente, com a mãe querendo reverter em maldades todo o carinho dedicado à criação da menina.

O tema do amor materno, ou melhor, da relação afetiva entre mãe e filhos, perpassa toda a letra da canção e pode ser colocado no quadrado semiótico da seguinte maneira:

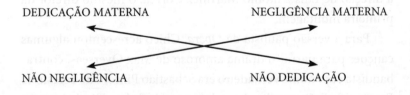

UMA CANÇÃO DESNATURADA

Os valores da dêixis positiva do sistema (a dedicação e a não negligência) são os aceitos pela sociedade ocidental[2], cujos padrões serão tomados como referência. Esses termos situam-se no âmbito da cultura, pois seus conteúdos são assumidos pela sociedade; em contrapartida, a negligência e a não dedicação estão nos domínios da natureza, pois seus valores são tradicionalmente rejeitados pela sociedade.

O que se percebe na letra de *Uma Canção Desnaturada* é uma certa subversão desses conteúdos, pois a mãe, que é a narradora do texto, demonstra arrependimento por ter se dedicado à educação da filha com tanto esmero, imaginando que seria melhor reverter o tempo, para poder criar sua "curuminha" com desdém. Assim, a canção projeta a euforia sobre a dêixis negativa do quadrado semiótico apresentado, configurando um processo de transgressão (como já tínhamos observado em *Mar e Lua*), em que um sujeito passa a desejar aquilo que está na dêixis da natureza social. Assim, confirma-se a ideia de que, na transgressão, projeta-se a euforia sobre um valor interdito ou não prescrito socialmente.

A mãe "desnaturada" reconhece que seus desejos são proibidos pelo "padrão moderno, cristão e ocidental"[3] em jogo, pois logo no

---

2. Talvez a expressão "sociedade ocidental" seja imprecisa, mas, na falta de outra mais adequada, optou-se por ela. Sua utilização é importante, já que, como os valores investidos num sistema semiótico são culturais, cada um dos termos do quadrado não pode ter conteúdo objetivo (cf. nota 2 do capítulo 3), pois não existe uma correlação única e definitiva entre língua natural e mundo natural (cf. Algirdas Julien Greimas, *Du Sens*, p. 144). Desse modo, convém lembrar que, em algumas tribos indígenas, é comum que as crianças sejam criadas não pelas mães, mas por toda a comunidade, de maneira que não se estabelece um vínculo afetivo entre mãe e filhos tão forte quanto na sociedade europeia (que seria a base dos valores da tal "sociedade ocidental").

3. Essa expressão foi emprestada da letra da "ópera" que encerra, ironicamente, a *Ópera do Malandro*. Para a compor, Chico se baseou em trechos conhecidos de óperas de Wagner,

CHICO BUARQUE – A TRANSGRESSÃO EM TRÊS CANÇÕES

início da canção ela diz: "Se fosse permitido, / Eu revertia o tempo". O fato de ela afirmar que os desejos não são permitidos explicita o *espaço da transgressão* em que se situa *Uma Canção Desnaturada*. Mas, além da oposição entre cultura e natureza, é possível encontrar na canção abstrações maiores, levando em conta as primeiras abordagens do conceito de tensividade.

A tensividade, inicialmente, articulava-se em tensão e relaxamento (ou em retenção e eutensão)[4], reunindo o percurso da foria, e podia se apresentar na forma extensa ou intensa[5]. Como propôs Zilberberg, os valores tensivos, suscitados por "um contraste entre um programa e um antiprograma"[6], estavam ligados ao conceito de missivo[7], que "pode se desdobrar nos termos 'remissivo' e 'emissivo', em que o primeiro responde pelas contenções, pelas saliências ou pela <parada> e o segundo, pelas distensões, pelas passâncias ou pela <parada da parada>, sem qualquer compromisso axiológico ou ideológico, pelo menos nesta fase"[8].

Desse modo, *Uma Canção Desnaturada* nasce de um valor remissivo que propõe uma <parada>, isto é, uma ruptura com aquilo que estava sendo feito até então. Quando a mãe pensa em

---

de Bizet e, principalmente, de Verdi (Cf. Chico Buarque, *Ópera do Malandro*, pp. 182--189). Além disso, essa expressão está ligada ao que chamamos, no item 2 do capítulo 2, de convenção.

4. Algirdas Julien Greimas & Joseph Courtés, *Sémiotique – Dictionnaire Raisonné de la Théorie du Langage II*, p. 236.

5. Cf. Claude Zilberberg, *Razão e Pética do Sentido*, p. 132.

6. *Idem*, p. 134.

7. O conceito de "missivo" foi pouco aproveitado pela Semiótica. Após ser proposto por Zilberberg, apenas os trabalhos ligados à Semiótica da canção, desenvolvidos por Tatit, valeram-se desse conceito. A opção por empregarmo-lo nasceu de uma questão de funcionalidade: para esta análise, o conceito mostrou-se bastante operacional (cf. nota 5 do capítulo 1).

8. Luiz Tatit, *Semiótica da Canção*, p. 132.

UMA CANÇÃO DESNATURADA

reverter o tempo[9], iniciando o percurso da transgressão, dá-se a <parada>. Como os valores da transgressão permanecem na letra da canção, com o narrador detalhando tudo o que seria feito se lhe fosse permitido reverter o tempo, pode-se dizer, de um modo um pouco intuitivo, que ocorre a <continuidade da parada>, num processo de aumento de tensão. A questão temporal, implícita nos termos do quadrado semiótico da parada, está claramente presente na letra da canção: a ideia de reverter o tempo cronológico, que é marcado sobretudo pela irreversibilidade, já estabelece um conflito insolúvel, uma saliência, uma contenção, uma retenção, uma parada; na dimensão extensa, o tempo mnésico, aplicado sobre a irreversibilidade do tempo cronológico, confirma a retenção, propondo, como um acontecimento futuro, algo que deveria ter ocorrido no passado[10], a saber, a negligência na criação da menina. O efeito de sentido de permanência do tempo mnésico[11] fica mais claro se se lembra como a letra canção detalha tudo que a mãe faria com sua curuminha se o tempo fosse revertido. Assim, num primeiro momento, o tempo mnésico confirmaria a <continuidade da parada>.

A foria, os valores missivos e o quadrado semiótico da <parada>, que são a base do nível tensivo, podem resumidamente ser representados a partir da dualidade dos termos continuidade e descontinuidade: o primeiro ligado ao /fazer/, à ação, aos movimentos conjuntos, à relação destinador/destinatário; o segundo ligado ao

---

9. Na verdade, essa reversão do tempo está ligada ao antiprograma. Trata-se de uma verdadeira involução, em que a mãe procura reviver, na cena enunciativa, um instante passado.

10. As embreagens no nível discursivo tratarão, com mais cuidado, dos efeitos de sentido produzidos pelos elementos temporais.

11. Cf. Claude Zilberberg, "Relative du Rythme", PROTÉE – *Théories et Pratiques Sémiotiques*, p. 40.

CHICO BUARQUE – A TRANSGRESSÃO EM TRÊS CANÇÕES

/ser/, às rupturas, aos movimentos disjuntos, à relação sujeito/ antissujeito. *Uma Canção Desnaturada* parte de uma descontinuidade que revela a perda da identidade. A ruptura com que se inicia a letra da canção irá propor, durante a canção, para usar novamente a expressão de Greimas, "um novo código de honra"[12], isto é, um reequilíbrio de valores tensivos. Assim, o sujeito poderá encontrar a identidade, sob a forma de algum valor emissivo que permita que esse novo código de honra seja aspectualizado pela <continuidade>. Para isso, contudo, será necessário transgredir os valores impostos socialmente, o que será explicitado no nível narrativo.

De acordo com esse raciocínio, a transgressão, por nascer de uma <parada>, ou seja, de um valor remissivo, acaba por propor novos investimentos sobre determinadas práticas sociais, que, se forem bem-sucedidos, poderão originar valores emissivos que os manterão; caso contrário, corre-se o risco de o transgressor não conseguir transformar a junção, o que faria com que a transgressão não se realizasse.

O desejo de transgressão em *Uma Canção Desnaturada* se estrutura, na subdimensão do andamento, a partir de uma percepção de aceleração, adiantamento e rapidez, uma vez que a menina cresceu "depressa e estabanada". Em relação à tonicidade, temos um movimento em direção à atonia, "concebida como um 'buraco negro' onde a energia viria perder-se e aniquilar-se"[13], uma vez que a mãe não pode fazer o que imagina.

A descontinuidade inicial de *Uma Canção Desnaturada* gera oscilações tensivas que chamam inevitavelmente atenção para a instância da enunciação, num processo de recrudescimento da *sensibilidade*, isto é, das experiências íntimas.

---

12. Cf. nota 30 do capítulo 3.
13. Claude Zilberberg, *Elementos de Semiótica Tensiva*, p. 75.

UMA CANÇÃO DESNATURADA

[...] se nos aproximamos de nossa experiência íntima, eis que tudo muda e que a característica obscura se torna característica clara, eis que a experiência de dinâmica íntima passa ao primeiro plano [...][14].

De fato, essa "dinâmica íntima" do sujeito, ao passar para o primeiro plano, numa espécie de embreagem, evidencia as noções de temporalidade a partir das quais podemos estudar as modulações tensivas, determinando assim o ritmo dessas modulações.

Em nós mesmos, o caráter dinâmico aparece de início sobre a forma de impulsos, de sobressaltos, de elãs: em suma, de forma descontínua. E para ilustrar a dialética do contínuo e do descontínuo sob a relação temporal, o mais simples talvez seja pôr face a face nossos movimentos e a ordem primitiva da vontade que os dirige[15].

Esse "caráter dinâmico", de impulsos e sobressaltos, isto é, de rupturas, instala a <parada>, caracterizando um valor remissivo. A descontinuidade que esse dinamismo gera nasce, segundo Bachelard, da própria vontade que dirige nossos movimentos. Assim, a descontinuidade é uma espécie de pressuposto da continuidade: a relação entre o contínuo e o descontínuo é de implicação mútua, é dialética, é quase tautológica, pois identidade e alteridade só existem a partir da relação de contrariedade que há entre os dois termos[16].

Se "a experiência de dinâmica íntima" parte de início de uma descontinuidade, para depois encontrar (ou não) a continuidade, pode-se inferir que as rupturas são necessárias no caminho que leva à duração, ao sentido, à identidade. A transgressão inicial da letra de Uma Canção Desnaturada estabelece uma ruptura que origina

14. Gaston Bachelard, A Dialética da Duração, p. 67.
15. Idem, ibidem.
16. Como já discutimos no item 5 do capítulo 2.

113

CHICO BUARQUE – A TRANSGRESSÃO EM TRÊS CANÇÕES

o percurso passional enunciativo, confirmando a hipótese de que todos os níveis do percurso gerativo de sentido, inclusive o estrato tensivo, devem estar subordinados à instância da enunciação. A ideia de colocar os problemas enunciativos não apenas no plano discursivo se justifica "pelo simples fato de que todas as oscilações desses valores profundos – todas as modulações aspectuais[17] – já revelam a presença e a mediação de um corpo que percebe, sente e tem desejos"[18].

Esse corpo que "sente" é o próprio *ego-hic-nunc* sugerido por Benveniste e é pressuposto pela existência do enunciado. Embora a noção de CORPO[19] ainda tenha sido consagrada pela metalinguagem semiótica, é possível, de acordo com os preceitos da fenomenologia de Marleau-Ponty e com os textos de Paul Valéry, encontrar no CORPO uma maneira de representar o "drama de energias" investido em qualquer atividade passional.

O CORPO presente na transgressão de *Uma Canção Desnaturada* vive um conflito, inicialmente remissivo, que condensa as oscilações tensivas presentes nos níveis mais profundos e abstratos da produção do sentido, o que permite ratificar que os "conceitos de 'tensividade' e 'foria' entraram, assim, definitivamente na semiótica como verdadeiros dublês operacionais da noção – ainda considerada pouco científica – de 'corpo' [ou CORPO]"[20].

---

17. Claude Zilberberg acreditava que a aspectualização "teria precedência lógica em relação aos níveis narrativo e discursivo. A continuidade fórica foi sempre concebida pelo autor como sequências entoativas direcionadas ora à tensão, ora ao relaxamento [...]" (Luiz Tatit, *Passos da Semiótica Tensiva*, p. 93).
18. Luiz Tatit, *Semiótica da Canção*, p. 132.
19. Como sugeriu Luiz Tatit (*Musicando a Semiótica: Ensaios*, p. 45), o nome com letras maiúsculas serve para designar o termo complexo e diferenciá-lo da noção de corpo (com letras minúsculas), que, ao lado do termo alma, forma o desdobramento binário, "de atributos somáticos e psíquicos", do CORPO.
20. *Idem*, p. 37.

UMA CANÇÃO DESNATURADA

2. Um corpo Desnaturado – a Transgressão Virtualizada

Toda a letra de *Uma Canção Desnaturada* é conduzida pela voz de uma mãe, arrependida por ter criado sua curuminha com tanto cuidado. Essa informação, no entanto, está apenas pressuposta no texto. Na verdade, a mãe, ao perguntar por que a filha cresceu "depressa e estabanada", está lamentando esse crescimento, o que nos faz pensar, em nome da coerência textual, em uma mudança de comportamento da menina: a curuminha, ao crescer, teria passado a agir de um modo diferente do que era seu costume. De fato, esse tipo de pressuposição consiste

[...] em deixar não expressa uma afirmação necessária para a completude ou para a coerência do enunciado, afirmação à qual a sua própria ausência confere uma presença de um tipo particular: a proposição implícita é assinalada – e apenas assinalada – por uma lacuna no encadeamento das proposições explícitas[21].

Em *Uma Canção Desnaturada*, a menina modificou seu comportamento e, por isso, a mãe se arrependeu de ter criado a filha com tanto carinho[22]. Deixar essas ideias implícitas não deixa de ser uma estratégia enunciativa, pois muitas vezes

[...] a manifestação do conteúdo implícito repousa numa espécie de astúcia do locutor. Sabendo que o destinatário vai procurar as motivações possíveis do ato de enunciação realizado, e que, se acreditar na honestidade desse ato, vai interrogar-se sobre as consequências dos fatos enunciados, o locutor procura trazer o destinatário para o seu próprio jogo e dirigir à distância seus raciocínios[23].

21. Oswald Ducrot, *Princípios de Semântica Linguística*, p. 16.
22. Note-se que esse "carinho" também está pressuposto.
23. *Idem*, p. 22.

Mas, além de uma estratégia típica do nível discursivo, essa pressuposição tem uma dimensão narrativa. A letra da canção deixa implícita a informação de que a "curuminha" mudou sua maneira de agir, o que funcionou como estopim dos castigos verbais de sua mãe. Portanto, há uma narrativa inteira pressuposta e, mais do que isso, responsável por originar os conflitos explícitos em *Uma Canção Desnaturada*. De fato, são comuns narrativas que exigem que se recorra a acontecimentos implícitos. Nelas,

[...] a lógica da narrativa é orientada e vai de jusante a montante, e não inversamente, como alguns estariam tentados a acreditar. Nessa perspectiva, e do ponto de vista da produção do discurso narrativo, a conversão do eixo das pressuposições em eixo das consecuções, que caracteriza a programação temporal, é um dos componentes da *performance* do enunciador[24].

É claro que a questão da "*performance* do enunciador" será mais bem discutida no próximo item, que tratará de problemas discursivos, mas, desde já, é possível começar a compreender algumas sutilezas enunciativas da canção. A identificação dos significados implícitos organiza, temporalmente, a narrativa, mostrando que o primeiro acontecimento gerador do conflito entre mãe e filha nasceu, como dissemos, de uma provável mudança de comportamento da menina. Devido a essa mudança, a mãe diz que a filha saiu de casa[25] "maquilada", isto é, mascarada, disfarçada, com atitudes diferentes das habituais. Por causa disso, a mãe se arrepende e sonha em poder reverter o tempo para poder transformar a dedicação materna em negligência.

O arrependimento pressuposto pela letra da canção permite pensar que a curuminha tenha sido, para usar uma expressão bas-

---

24. Algirdas Julien Greimas & Joseph Courtés, *Dicionário de Semiótica*, p. 348.
25. A noção de "casa" está metaforizada no verso "Dentro do meu vestido".

UMA CANÇÃO DESNATURADA

tante popular, uma filha desnaturada, ao menos na visão materna. Entretanto, faltam no texto elementos que confirmem a hipótese de que a menina tenha realmente se comportado de maneira impiedosa ou cruel. Sendo assim, o adjetivo "desnaturado" se aplica com mais rigor à conduta da mãe, que imagina, por toda a letra da canção, uma série de maldades possíveis que poderiam ser cometidas contra a filha. Essa mãe desnaturada é um CORPO que "percebe, sente e tem desejos", uma instância enunciativa que modaliza toda a canção. Tanto é assim que o título do texto é *Uma Canção Desnaturada*. Portanto, o adjetivo "desnaturado" pode ser aplicado inicialmente à curuminha; em seguida, à mãe; e por fim, ao próprio texto[26]. Com efeito, o

[...] título da canção já aponta para o reverso da uma situação natural, através do adjetivo 'desnaturado'. Nessa linha de pensamento, os versos se estruturam sugerindo um eu materno atormentado, cuja constatação do crescimento da filha e consequente rompimento do 'cordão umbilical' suscitam o desespero da perda e o desencadear de hipóteses desumanas e cruéis[27].

26. Do ponto de vista discursivo, esse processo aproxima-se da figura de linguagem conhecida como hipálage. Recorrendo às definições de Carlos Henrique da Rocha Lima, para quem a hipálage "consiste em atribuir-se a uma palavra o que pertence a outra da mesma frase" (*Gramática Normativa da Língua Portuguesa*, p. 512), de Heinrich Lausberg, que fala da "alteração gramatical (e simultaneamente semântica) da relação de um adjetivo: o adjetivo não é relacionado gramaticalmente com o substantivo que lhe devia estar ligado, do ponto de vista semântico, mas sim com outro substantivo do contexto" (*Elementos de Retórica Literária*, p. 194), e de José Luiz Fiorin, de acordo com quem a hipálage desloca "um determinante de uma posição sintática, em que, por razões semânticas, se esperaria que ele estivesse, para outro lugar, em que contrai uma relação de determinação com outro termo" (*Figuras de Retórica*, p. 66), e ampliando o alcance dessas definições, percebe-se que a letra da canção não é desnaturada em si, mas sim contaminada pelo rancor do narrador, o que produz um efeito de sentido muito parecido àquele produzido pela hipálage.
27. Maria Helena Sansão Fontes, *Sem Fantasia: Masculino-Feminino em Chico Buarque*, p. 104.

A mãe "desnaturada" é o actante principal da canção e procura manipular a filha por meio de ameaças, o que configura uma forma de manipulação por intimidação. No entanto, essa manipulação não se realiza, pois não há elementos textuais que permitem concluir se a filha aceita ou não os valores do destinador da manipulação, até porque a mãe, como narrador do texto, não dá espaço à voz da curuminha. Assim, o percurso narrativo da menina é interrompido, de maneira que não se forma uma sequência narrativa. Mas, além da filha, a mãe também pode ser vista como destinatário de uma manipulação, pois suas ameaças indicam um sujeito despertado pelo /querer/, isto é, disposto a iniciar uma ação. Essa segunda manipulação pode ser classificada como uma forma de manipulação por tentação, já que a mãe, ao desejar a reversão do tempo, pretende alcançar um objeto de valor positivo, a saber, a satisfação de um reequilíbrio patêmico com a filha. Apesar de essa segunda manipulação ter obtido sucesso, afinal destinador e destinatário operam evidentemente com os mesmos valores, mais uma vez não se forma uma sequência narrativa canônica completa, pois a mãe, ao afirmar "Se fosse permitido / Eu revertia o tempo", mostra que não está de posse do /poder fazer/, interrompendo a sequência na fase da competência.

A sintaxe narrativa de *Uma Canção Desnaturada* não reside, contudo, apenas nessas manipulações "interrompidas". Para entender a canção, é necessário levar em conta os pressupostos já citados.

Como, devido à mudança de atitude da menina, a mãe ameaça a sua curuminha, pode-se inferir que a ação (ou a *performance*) da narrativa está implícita nos quatro primeiros versos do texto, que pressupõem a transformação de uma junção. A filha, manipulada provavelmente por um /querer/ (fase da manipulação) e de posse do /saber/ ou do /poder/ (fase da competência), entra em con-

UMA CANÇÃO DESNATURADA

junção com um objeto figurativo cujo valor não é compartilhado com a mãe (fase da *performance*). Assim, por catálise[28], é possível recuperar as fases implícitas de uma sequência narrativa canônica que teria desencadeado *Uma Canção Desnaturada*.

A letra da canção é ao mesmo tempo a sanção de uma determinada sequência narrativa e a manipulação de uma outra, com essas duas sequências combinadas por sucessão. É bastante proveitoso para a análise tomar *Uma Canção Desnaturada* como uma sanção, isto é, como a última fase de uma sequência narrativa implícita, pois assim se confirma o fato de a mãe se mostrar insatisfeita com o destino de sua curuminha.

Se se percebe que a mãe está insatisfeita, é porque ela assume, por meio de um /saber/, o papel de destinador julgador dessa sequência narrativa implícita. Como os valores desse julgamento são diferentes dos valores que despertaram o /querer/ da menina na fase da manipulação, pode-se apontar, mais uma vez segundo a terminologia proposta por Roland Barthes, que a narrativa é reformadora, de intencionalidade diretiva e variação tensiva[29]. A sanção cognitiva[30] da mãe, isto é, o reconhecimento da transformação no comportamento da filha, pode ser percebida logo na pergunta inicial da canção: "Por que cresceste, curuminha, / Assim depressa e estabanada?" Já a sanção pragmática, que se manifesta sob a forma

---

28. Esse termo, proposto por Louis Hjelmslev, está, aliás, intrinsecamente ligado ao conceito de pressuposição, já que catalisar "é tornar explícitos, através de procedimentos apropriados, os elementos de uma frase ou os segmentos de uma sequência discursiva que estavam implícitos" (Algirdas Julien Greimas & Joseph Courtés, *Dicionário de Semiótica*, p. 43).

29. Diana Luz Pessoa de Barros, *Teoria do Discurso: Fundamentos Semióticos*, p. 45 (cf. item 2 do capítulo 2).

30. Nessa sanção cognitiva, segundo os valores do narrador, a filha passa do "parecer" para o "não ser", o que se identifica com a mentira e produz um efeito de sentido de ilusão.

de um castigo virtual, ou seja, de ameaças, está explicita nas três últimas estrofes de *Uma Canção Desnaturada*.

O fato de a letra da canção estar centrada em apenas uma fase da sequência narrativa canônica faz com que *Uma Canção Desnaturada* dependa fundamentalmente de um programa narrativo: o da vingança.

No seu famoso ensaio sobre a cólera[31], Greimas, ao analisar o percurso

frustração → descontentamento → agressividade,

mostra como a cólera pode iniciar um processo em que o desejo de vingança se torna vingança. Com efeito, o

[...] PN de vingança se configura como um programa de *compensação*, que se realiza no nível das "paixões", e o equilíbrio intersubjetivo buscado é uma espécie de equivalência passional. Se um sujeito S¹ sofre, então convém aplicar a *"pena"*, quer dizer, a punição e a dor ao sujeito S², para fazê-lo sofrer *outro tanto*. Assim a vingança é num primeiro momento um *reequilíbrio de sofrimentos* entre sujeitos antagonistas[32].

A sanção pragmática realizada pela mãe, com suas duras ameaças, é uma tentativa de compensação, em que a dedicação se transformaria em negligência, numa tentativa de reequilíbrio passional. Assim, o programa narrativo que estrutura *Uma Canção Desnaturada* deve realmente ser considerado um PN de vingança.

Esse PN nasce de uma frustração do narrador pela mudança de comportamento da curuminha; essa frustração, por sua vez, vem de uma espera fiduciária. Considerando a mãe como S¹ e a filha

---

31. "De la Colère" (em *Algirdas Julien* Greimas, *Du Sens II*, pp. 225-246).
32. *Idem*, p. 241.

UMA CANÇÃO DESNATURADA

como S^2, tem-se que S^1 espera, para manter-se em conjunção com um objeto figurativo (cujo valor, neste caso, pode ser chamado de "paz familiar", ao menos na acepção da mãe), que S^2 se comporte de uma determinada maneira. Esquematicamente, temos:

$$S^1 \ crer \ [S^2 \ dever \rightarrow (S^1 \cap Ov)].$$

Como aponta Greimas, a espera de S^1 "não é um simples desejo": "o sujeito de estado [a mãe] 'pensa poder contar' com o sujeito de fazer [a filha] para a realização de 'suas esperanças'"[33].

No entanto, esse contrato de confiança pode ser visto como "um *contrato imaginário*, já que, em sua conclusão – ou melhor, em seu reconhecimento –, o sujeito de fazer não se encontra compromissado de modo algum, sendo sua modalização deôntica produto da 'imaginação' do sujeito de estado"[34].

Esse contrato nasce da construção de um simulacro, segundo o qual o sujeito de estado projeta para fora de si certos objetos imaginários, procurando estabelecer uma relação intersubjetiva com o sujeito de fazer. Acontece que esse pseudocontrato é de responsabilidade do sujeito de estado, que, baseando-se numa confiança unilateral, lança ao sujeito de fazer um /dever/. Essa modalidade deôntica define a paixão envolvida na espera: se S^2 comporta-se como era esperado, vem a satisfação; se S^2 rompe o contrato, vem a frustração.

Não é preciso ir muito longe para perceber que a mãe de *Uma Canção Desnaturada*, após uma espera fiduciária, frustra-se ao perceber que a filha rompeu o *contrato imaginário* proposto pela

33. *Idem*, p. 229.
34. *Idem*, p. 230.

CHICO BUARQUE – A TRANSGRESSÃO EM TRÊS CANÇÕES

criação materna. Desse modo, inicia-se o sintagma passional da cólera, do qual a vingança é muitas vezes um corolário.

O PN de vingança é originado, portanto, pela transformação de uma junção. Considerando a narrativa pressuposta em que a filha passa a operar com valores diferentes dos maternos, tem-se que a menina rompe o pseudocontrato proposto, entrando em conjunção com objetos cujos valores não eram compartilhados pela mãe. A consequência disso é a frustração materna e o posterior desejo de vingança, cujo sintagma pode ser representado da seguinte maneira:

$$sofrer \rightarrow fazer \; sofrer \rightarrow sentir \; prazer^{35}$$

Esse esquema, além de confirmar que a vingança é uma tentativa de reequilibrar as paixões envolvidas na narrativa, comprova que *Uma Canção Desnaturada* é estruturada por uma relação subjetal, mais precisamente por uma oscilação tensiva entre os valores do sujeito (a mãe) e do antissujeito (a filha). Essa descontinuidade é que gera o desejo de vingança.

As três últimas estrofes da letra da canção explicitam detalhadamente esse desejo, porém a mãe não pretende apenas castigar a filha de maneira agressiva; mais do que isso, a vontade do narrador é poder receber uma espécie de indenização pela quebra daquele *contrato imaginário*.

O equilíbrio dos sofrimentos e dos prazeres presente na vingança explica também a possibilidade de *substituir* a punição somática pela *indenização*: supõe-se então que a privação dos bens provoca desagrado, enquanto a

35. Como nota Algirdas Julien Greimas (*Su Sens*, pp. 243-245), esse sintagma se aplica também ao sadismo, com a diferença de que este não é anafórico, como a vingança é.

UMA CANÇÃO DESNATURADA

aquisição, a título de "reparação moral", procura satisfações consideradas equivalentes[36].

Se fosse possível reverter o tempo, a mãe privaria a filha de alguns bens, procurando o prazer vingativo de ver sua curuminha sofrer. Essa indenização seria uma espécie de "reparação moral", em que o sofrimento da menina pudesse realmente produzir o reequilíbrio passional.

Contudo, o desejo de vingança na canção não chega a se tornar vingança. A impossibilidade de realização do PN de vingança se justifica pela irreversibilidade do tempo cronológico. Quando a mãe imagina vingar-se da filha por meio da reversão do tempo, ela passa a ser modalizada por um /não poder fazer/, o que faz com que a vingança permaneça apenas virtualizada. Por isso, *Uma Canção Desnaturada* é sobretudo uma canção sobre o desejo de vingança, e não sobre a vingança propriamente dita.

Se o desejo de vingança impera na letra da canção, o narrador é modalizado pelo /querer fazer/. Mas essa manipulação não é única, pois, como a negligência materna não é um valor assumido pela sociedade, o narrador é também modalizado pelo /dever não fazer/[37]. Essa combinação /querer fazer/ e /dever não fazer/ estrutura a transgressão da narrativa e confirma a ideia anteriormente levantada de que a transgressão é, muitas vezes, um conflito de manipulações.

Como já mostramos na análise de *Mar e Lua*, a confrontação dessas duas estruturas modais gera uma incompatibilidade e, mais precisamente, uma relação de contraditoriedade identificada como uma resistência ativa. Base da transgressão, essa combinação

---

36. Algirdas Julien Greimas, *Du Sens II*, p. 242.
37. A sobremodalização /dever não fazer/ está implícita na letra da canção. Exceto pelo adjetivo "desnaturado" do título da canção, essa sobremodalização não pode ser encontrada na superfície textual.

123

CHICO BUARQUE – A TRANSGRESSÃO EM TRÊS CANÇÕES

funciona como uma ruptura: é a <parada>, é o valor remissivo que principia o jogo de paixões presente na letra de *Uma Canção Desnaturada*.

No entanto, a transgressão não chega a se realizar, pois a sequência narrativa canônica iniciada com a dupla manipulação já mencionada é interrompida na fase da competência. Embora a mãe esteja disposta a enfrentar a interdição representada pelo /dever não fazer/, a irreversibilidade do tempo cronológico faz com que o /não poder fazer/ anule o /querer fazer/. Portanto, como a transgressão é virtualizada, as ameaças feitas pela mãe, que funcionam como uma indenização, também não podem se realizar, e todos os PNs (coordenados entre si) que explicitam essas ameaças reforçam ao mesmo tempo a intensidade do /querer fazer/ e a inexorabilidade do /não poder fazer/.

Três sobremodalizações definem, pois, o percurso passional do sujeito (neste caso, o actante principal da canção, isto é, a mãe): /querer fazer/, /dever não fazer/ e /não poder fazer/. As duas primeiras definem a transgressão (ou, pelo menos, o desejo de transgressão); a terceira, a impossibilidade de realizá-la. Essa combinação de sobremodalizações ligadas ao /fazer/ aponta para os desejos do sujeito – nesse caso, para o /ser/ da mãe – e organiza a estrutura passional da narrativa.

Recorrendo às sugestões deixadas por Greimas e Fontanille[38], seria necessário – para compreender a natureza dos conflitos vividos pela mãe em *Uma Canção Desnaturada* – encontrar uma paixão, modalizada predominantemente pelo /querer/, com uma disposição passageira, uma manifestação contínua[39] e uma competência negada. Entre as sete possibilidades oferecidas, nenhuma

---

38. Cf. *Semiótica das Paixões*, pp. 83-87 (cf. o item 4 do capítulo 2).
39. Essa continuidade pode ser percebida por meio da diversificação das ameaças que a mãe faz à menina.

tem as características referidas. Poder-se-ia pensar numa combinação entre a emoção (cuja disposição é passageira e a competência é negada) e a inclinação (que é modalizada pelo /querer/ e cuja manifestação é contínua) para estruturar o percurso passional do sujeito na letra da canção.

Como a mãe está impossibilitada de seguir seu PN de vingança, sua disposição passional só pode ser passageira, o que mostra que o desejo de vingança em *Uma Canção Desnaturada* é aspectualizado pela pontualidade, aproximando-se assim de uma emoção instantânea, o que é compatível com o andamento que identificamos na dimensão tensiva da intensidade, que rege a temporalidade e espacialidade. Além disso, há uma forte inclinação para a transgressão, daí a importância do /querer/ e da ênfase às ameaças proferidas pela mãe.

O fato de a paixão predominante na canção ter uma disposição passageira confirma a ruptura tensiva que a principia. Os valores remissivos da <parada>, já analisados nos níveis mais abstratos, dão início ao percurso passional do sujeito, enquanto a manifestação contínua para a ação reveste grande parte da letra da canção. No entanto, como a competência é negada, o /querer/ é diluído, a transgressão permanece no plano da virtualização e a *performance* esperada não ocorre. Isso faz com que os valores remissivos percam sua força (lembre-se que a sequência narrativa canônica se interrompe na fase da competência), dando lugar enfim para valores emissivos, que funcionam como uma espécie de "volta" a um estágio inicial.

Em outras palavras, o que ocorre é o seguinte: os conflitos estabelecidos pela descontinuidade dos valores remissivos, identificados com o /ser/, são desfeitos devido à impossibilidade da reversão do tempo. Como a resistência a esses valores não é vencida, dá-se

CHICO BUARQUE – A TRANSGRESSÃO EM TRÊS CANÇÕES

não a <continuidade da parada>, mas sim a <parada da parada>[40].

Os valores emissivos gerados por essa <parada da parada> não produzem, no entanto, a ação, a *performance*, o desdobramento narrativo, enfim, o /fazer/; ao contrário, eles representam a "volta" a uma <continuidade> inicial pressuposta. Sendo assim, os valores emissivos representam não a vitória dos valores da transgressão (ou do novo código de honra proposto), mas justamente sua derrota.

Essa "volta" de que se fala, impossível do ponto de vista do tempo cronológico, é perfeitamente aceitável na dimensão do tempo rítmico: o desejo de transgressão é uma espécie de hiato, de parênteses entre dois momentos alternados em que essa transgressão é reconhecida como impossível pelo narrador e, por isso, nem é desejada. *Uma Canção Desnaturada* não deixa, portanto, de ser uma canção que trata da espera, não a fiduciária, mas da espera como a expectativa momentânea de realização da transgressão.

Com a descontinuidade "remissiva" da letra da canção sendo anulada, *Uma Canção Desnaturada* pode acabar, afinal o fim dos valores remissivos (isto é, das resistências) corresponde ao fim das narrativas.

3. As Astúcias de Uma Canção – o "Futuro do Passado"[41]

O enunciado de *Uma Canção Desnaturada* é conduzido integralmente pela voz da mãe, que é o narrador do texto e seu ator principal. A filha, além de ator secundário, é o destinatário da letra da canção, o que permite classificá-la como o narratário do texto. Tanto o narrador quanto o narratário são explícitos, pois, a partir

---

40. Embora não se trate de uma <parada da parada> típica.
41. Essa expressão está no primeiro poema de *Mensagem*, de Fernando Pessoa (p. 21).

UMA CANÇÃO DESNATURADA

de sucessivas debreagens actanciais, o narrador instala o *eu* e o *tu* no discurso. Como o narrador é explícito, a letra da canção produz um efeito de sentido de subjetividade, corroborado pelo efeito de sentido de ficcionalidade produzido pelo fato de o narrador não ser semanticamente equivalente ao enunciador[42].

Considerando inicialmente a categoria de pessoa, percebe-se que a letra da canção reforça a relação entre dois sujeitos, mãe e filha (o que é compatível com a relação sujeito/antissujeito demonstrada no nível narrativo): ao todo são 26 debreagens enunciativas por meio de pronomes elípticos, pronomes acusativos, pronomes retos e vocativos[43]. Todas essas debreagens confirmam o efeito de sentido de subjetividade do texto, já que claramente estabelecem um conflito na dimensão *eu/tu*. Assim, a letra da canção apresenta

---

42. A ideia de que o enunciador é semanticamente distinto do narrador em *Uma Canção Desnaturada* pode ser justificada pelo próprio fato de a canção pertencer a uma obra maior (a *Ópera do Malandro*), que possui o seu enunciador (que não é o narrador de canção analisada). Assim, na macroestrutura da "ópera", seria mais adequado tomar a mãe como um interlocutor que recebe do narrador implícito da peça um momento para se exprimir em discurso direto.

43. Em relação aos vocativos usados no texto, vale a pena fazer um comentário. Ao todo, a mãe chama a filha de "curuminha" seis vezes. Essa palavra não está registrada no *Vocabulário Ortográfico da Língua Portuguesa* (1999), embora seja possível deduzir que ela seria uma espécie de flexão de *curumim*, palavra de origem de tupi, usada para designar os meninos de uma tribo. É inegável que "curuminha" é um termo afetuoso, o que nos permite criar três hipóteses explicativas para essa escolha lexical: ou a mãe está simplesmente sendo irônica (já que o vocativo carinhoso parece ser incompatível com a crueldade dos castigos impostos, virtualmente, à menina); ou a mãe está reforçando o caráter pueril da filha, como se – com isso – fosse possível mostrar que a atitude da moça estava sendo precipitada e inconsequente; ou ainda, a mãe, sem querer, está deixando "escapar" que ainda mantém a afeição pela filha (nessa última hipótese, é como se esses vocativos ajudassem a intensificar os conflitos estabelecidos pela letra da canção, já que a mãe se mostraria, ao mesmo tempo, vingativa e terna).

CHICO BUARQUE – A TRANSGRESSÃO EM TRÊS CANÇÕES

uma situação de comunicação que, nessa perspectiva, "parece" real, pois se dá "sob a condição de *intersubjetividade*"[44].

A ausência de embreagens na categoria actancial não permite, no entanto, que *Uma Canção Desnaturada* seja tomada como um enunciado enunciado[45], pois as marcas da enunciação estão principalmente na categoria de tempo.

É possível encontrar em *Uma Canção Desnaturada* uma macroembreagem temporal que estrutura toda a fala do narrador e, por extensão, todo o percurso da transgressão. Em linhas gerais, há na letra da canção uma predominância de verbos nas formas nominais, principalmente no infinitivo. Considerando que "o infinitivo apresenta o processo verbal em potência; exprime a ideia da ação, aproximando-se, assim, do substantivo"[46], conclui-se que a predominância dessas formas verbais nominais ("reviver", "poder", "ver", "negar", "recuperar", "ignorar", "cuidar", "deixar", "arder", "tossir", "bater", "vestir", "tratar", "quebrar", "raspar", "ir", "tornar", "salpicar" e "recolher") reforça que a *performance*, em *Uma Canção Desnaturada*, não se consuma, o que confirma a hipótese levantada anteriormente de que a transgressão proposta pelo narrador é apenas virtualizada. Mesmo as formas verbais no gerúndio ("batendo", "emporcalhando", "exibindo"), que poderiam traduzir ações em curso, estão ligadas às formas verbais no infinitivo. Desse modo, os repetidos infinitivos ratificam o desejo de transgressão (ou, nesse caso, de vingança), enquanto os poucos gerúndios dão uma duratividade (relativa, é claro) a esse desejo.

---

44. Émile Benveniste, *Problemas de Linguística Geral I*, p. 293.
45. Cf. José Luiz Fiorin, *As Astúcias da Enunciação*, pp. 35-41.
46. Celso Cunha & Lindley Cintra, *Nova Gramática do Português Contemporâneo*, p. 471.

UMA CANÇÃO DESNATURADA

Quanto aos verbos no pretérito perfeito 1[47] ("cresceste", "saíste", "atravessei", "mirraste", "engatinhaste"), eles traduzem ações anteriores ao *agora* da enunciação e servem para comprovar a transformação já consumada do comportamento do narratário, ao mesmo tempo em que alude aos sofrimentos pretéritos do narrador e às dificuldades da criação materna.

Mas todas essas formas verbais estão sendo usadas literalmente e não chegam a configurar um retorno à instância da enunciação: a macroembreagem que faz isso está nos versos: "Se fosse permitido, / Eu revertia o tempo". O pretérito imperfeito do subjuntivo usado em orações adverbiais condicionais indica uma "condição irrealizável ou hipotética"[48], o que confirma o /não poder fazer/[49] do nível narrativo. Após a oração "Se fosse permitido", seria esperada uma forma verbal no futuro do pretérito do indicativo, representativa de uma ação anterior ao momento de referência presente (o *agora* da enunciação) e posterior a um momento de referência pretérito (que está no verso "Se fosse permitido"). No entanto, em lugar de "reverteria", o narrador diz "revertia", o que define a macroembreagem de que se falou.

> Quando o período hipotético [introduzido pelo *se*] manifestar efeito de sentido de improbabilidade ou irrealidade, seu verbo estará no subjuntivo. Nesse caso, a correspondência dos tempos é a seguinte: [...] *se* + pretérito imperfeito do subjuntivo futuro do pretérito simples do indicativo [...][50].

---

47. Cf. José Luiz Fiorin, *As Astúcias da Enunciação*, p. 152 (já citado no item 3 do capítulo 3).
48. Celso Cunha & Lindley Cintra, *Nova Gramática do Português Contemporâneo*, p. 459.
49. Como já demonstramos no item 3 do capítulo 2, tanto o /não poder fazer/ quanto o /dever não fazer/ indicam impossibilidades. A diferença é que o /dever não fazer/ está na fase da manipulação e não garante, necessariamente, a interrupção da sequência narrativa, enquanto o /não poder fazer/ está na fase da competência e sempre interrompe a sequência narrativa.
50. José Luiz Fiorin Fiorin, *As Astúcias da Enunciação*, p. 189.

A não correspondência esperada entre os tempos verbais aponta para a embreagem "revertia"/"reverteria", que está no sistema enuncivo do pretérito. Nesse caso, o uso do pretérito imperfeito pelo futuro do pretérito no período hipotético produz, ao valorizar a concomitância da forma verbal "revertia" com um momento de referência pretérito, um efeito de sentido de certeza. O uso do imperfeito mostra que, em relação ao momento expresso pelo verso "Se fosse permitido", a reversão do tempo poderia se realizar. Assim, o imperfeito "indica que era inevitável que ocorresse o que estava previsto para o futuro"[51].

O efeito de sentido de certeza produzido por esta embreagem reforça o desejo de vingança do narrador, ao mesmo tempo em que atesta que a transgressão permanecerá virtualizada. Como todo o texto explicita o que o narrador faria se lhe fosse permitido reverter o tempo, o efeito de sentido de certeza se dilui por toda a letra da canção, configurando efetivamente uma macroembreagem temporal. Assim, o narrador imagina um futuro de vingança, mesmo sabendo que a reversão do tempo é impossível.

Durante toda a letra da canção, o narrador mantém esse desejo de vingança, ancorado na macroembreagem temporal. Nos últimos quatro versos ("Te recolher pra sempre / À escuridão do ventre, curuminha, / De onde não deverias / Nunca ter saído"), seria possível repetir o mesmo tipo de embreagem inicial, usando-se a forma verbal "devias" em lugar de "deverias". Contudo, a embreagem não ocorre. Portanto, no final da canção, a macroembreagem dá lugar ao uso literal do futuro do pretérito nos períodos hipotéticos, o que permite concluir que o efeito de sentido de certeza inicial é vencido

---

51. *Idem*, p. 203. Como, aliás, havia sido sugerido nos níveis mais abstratos.

UMA CANÇÃO DESNATURADA

pela impossibilidade da reversão do tempo cronológico. O narrador, enfim, percebe que nada pode ser feito contra o narratário.

Considerando a categoria de espaço, podemos dizer que, inicialmente, o narrador determina o espaço da cena enunciativa por meio da expressão "dentro do meu vestido", o que não deixa de ser uma forma de representar o *aqui* da enunciação. No final da letra da canção, a expressão "escuridão do ventre" retoma, embora com significativas diferenças figurativas, o mesmo espaço demarcado por "dentro do meu vestido". Essas duas expressões indicam espaços próximos ao *eu*, enquanto "botequins", por exemplo, representa um *lá*, um *ali*, espaços distantes do *aqui* enunciativo – estabelecendo uma oscilação entre exterioridade e interioridade[52]. Assim, entre a primeira estrofe e a quarta, as referências espaciais produzem um efeito de sentido de afastamento da instância da enunciação, o que está de acordo com o desejo de vingança do narrador (que, lembre-se, não compartilha os mesmos valores do narratário). Por outro lado, a forma verbal "saíste" também é uma marca espacial relevante, já que indica que o narratário se afastou do *aqui* demarcado pelo narrador. Esse afastamento espacial reitera a ideia de que a menina rompeu o contrato fiduciário proposto pela mãe: a *saída de dentro do vestido* é, portanto, uma maneira de representar que a curuminha cresceu e que ela resolveu se desligar dos valores maternos. Nesse caso, não é um afastamento desejado pela mãe, mas sim um afastamento que está sendo lamentado por ela. Mais do que lamentar, o narrador está disposto a transgredir todos os valores sociais para vingar-se do narratário, mas – como já dissemos – a transgressão permanecerá no terreno da virtualização.

---

52. Estamos aqui considerando o forema da posição da subdimensão da espacialidade, de acordo com os princípios tensivos propostos por Claude Zilberberg (*Elementos de Semiótica Tensiva*, p. 75).

CHICO BUARQUE – A TRANSGRESSÃO EM TRÊS CANÇÕES

A transgressão virtualizada em *Uma Canção Desnaturada* se estrutura a partir da incompatibilidade entre o /querer fazer/ e o /dever não fazer/ e, posteriormente, a partir da impossibilidade representada pelo /não poder fazer/. Essas sobremodalizações, que estabeleceram os valores do nível narrativo, vão originar os temas do nível discursivo.

O tema da letra da canção pode, mais uma vez, ser visto como a própria transgressão e, nesse caso, mais especificamente, como o desejo de vingança. No começo da canção, os quatro primeiros versos já pressupõem que o narratário mudou de comportamento, o que faz com que, nos versos seguintes, o narrador deseje reviver o passado para se vingar. O tema da vingança recobre as três últimas estrofes do texto, formando uma grande isotopia temática. Essa isotopia recebe diversos investimentos figurativos e pode ser subdividida em linhas isotópicas menores:

TEMAS	FIGURAS DISCURSIVAS QUE REVESTEM OS TEMAS
Negligência com a saúde da menina	"Te ver as pernas bambas, curuminha, / Batendo com a moleira", "Deixar-te arder em febre, curuminha, / Cinquenta graus, tossir, bater o queixo", "No chão que engatinhaste, / Salpicar mil cacos de vidro".
Negligência com a "parte estética" da menina	"Te emporcalhando inteira", "Vestir-te com desleixo", "Raspar os teus cabelos".
Falta de carinho materno	"E eu te negar meu colo. / Recuperar as noites, curuminha, / que atravessei em claro", "Ignorar teu choro", "Tratar uma ama-seca".
Privação dos "bens" da infância	"Quebrar tua boneca, curuminha", "Tornar azeite o leite / Do peito que mirraste".
Puro egoísmo	"E só cuidar de mim", "E ir te exibindo pelos / Botequins".
Tentativa de desfazer os esforços "físicos" na criação da menina	"Recuperar as noites, curuminha, / Que atravessei em claro", "Tornar azeite o leite / Do peito que mirraste".

UMA CANÇÃO DESNATURADA

Todas essas linhas temáticas recobrem o tema do desejo de vingança, isto é, da busca do narrador por um reequilíbrio passional com o narratário. Mas *Uma Canção Desnaturada* não instala simplesmente as figuras semióticas, pois a figurativização no texto inicia, na realidade, um processo de referencialização. Como afirmam Greimas e Courtés, há

[...] dois patamares nos procedimentos de figurativização: o primeiro é o da figuração, ou seja, a instalação das figuras semióticas (uma espécie de nível fonológico); o segundo seria o da iconização, que visa a revestir exaustivamente as figuras, de forma a produzir a ilusão referencial que as transformaria em imagens do mundo[53].

Assim, a letra de *Uma Canção Desnaturada* é construída pela iconização, em que as figuras dos "cacos de vidro", do "leite que se torna azeite" e da "febre de cinquenta graus", entre outras, explicitam detalhadamente o que o narrador faria ao narratário se o passado fosse revivido. A iconização produz, nesse caso, um efeito de sentido de realidade que amplifica a força do impulso vingativo do narrador. As figuras semióticas, portanto, dão vida à transgressão, criando a "ilusão referencial" de um PN de vingança.

Forma-se então uma grande isotopia figurativa da negação, em que a mãe nega o colo à menina, ignora o choro dela, veste-a com desleixo e quebra-lhe a boneca. Essas figuras, que ilustram o tema da negligência materna, são marcadas pelo traço semântico da rejeição[54].

---

53. *Dicionário de Semiótica*, p. 187.
54. "A isotopia exprime assim a possibilidade discursiva de homogeneização das figuras" (Joseph Courtés, *Introduction à la Sémiotique Narrative et Discursive*, p. 101), o que equivale a dizer, nesse caso, que há uma série de recorrências figurativas da rejeição e da negação.

CHICO BUARQUE – A TRANSGRESSÃO EM TRÊS CANÇÕES

Voltando à categoria de espaço, há duas expressões no texto ("dentro do meu vestido" e "escuridão do ventre") que demarcam o *aqui* enunciativo. A primeira delas alude, de maneira menos valorativa, à proteção materna; já a segunda, ao referir o ventre, em lugar de tratá-lo como um lugar aconchegante, prefere salientar sua escuridão. Assim, o primeiro *aqui* ainda traz o traço semântico da dedicação materna, enquanto o segundo *aqui* evidencia a negligência e, mais do que isso, a punição. A mãe, como mostramos no nível narrativo, sanciona negativamente a mudança de comportamento da menina e imagina castigos que, embora permaneçam no terreno da virtualização, mostram que a figura "escuridão do ventre" recobre o tema da repreensão, da punição, da vingança.

Como apontamos na análise de *Mar e Lua*, essa relação tema-figura é mediada pela cultura. Por isso, dizemos que é a enunciação que determina as visões de mundo que orientam o enunciado. A ideologia discursiva surge, num texto, principalmente quando se analisam as relações entre temas e figuras[55].

As expressões "dentro do meu vestido", da primeira estrofe, e "escuridão do ventre", da última, também mostram que a letra de *Uma Canção Desnaturada* é construída por meio de uma espécie de gradação ascendente, entendida aqui, em sentido amplo, como uma enumeração progressiva, em que cada figura acrescenta à anterior um traço semântico mais forte (ou mais cruel, afinal trata-se de *Uma Canção Desnaturada*) de vingança.

Levando em conta essa ideia de gradação, a segunda estrofe traz, por exemplo, a figura "emporcalhando inteira"; a terceira, a da febre de "cinquenta graus"; e a última, a dos "cacos de vidro"

---

55. Cf. Diana Luz Pessoa de Barros, *Teoria do Discurso: Fundamentos Semióticos*, pp. 123-124 (já citado no item 3 do capítulo 3).

UMA CANÇÃO DESNATURADA

salpicados pelo chão. A progressão é evidente: da sujeira passa-se ao descaso com a saúde, e deste chega-se à pura maldade. Essa gradação discursiva confirma a ideia de que a figurativização (e, mais precisamente, a iconização) na letra da canção reveste pouco a pouco o tema da transgressão (virtualizada, claro está) e do desejo de vingança. O narrador vai apontando, ao longo do texto, detalhes cada vez mais impiedosos do destino do narratário, até que, na última estrofe, dá-se conta da impossibilidade de realizar o PN de vingança. Mas, mesmo ciente dessa impossibilidade, o narrador termina dizendo (por meio da figura de um cordão umbilical "às avessas"[56], que recolhe o feto para dentro do ventre materno) que o melhor seria que sua curuminha nunca tivesse nascido. Isso não deixa de ser, ainda que metaforicamente, o desejo de um homicídio. Desse modo,

[...] o sacrossanto amor materno, sancionado pela Natureza e consagrado pela Sociedade, é desmistificado [...], mostrando sua contraface de raiva e egoísmo. Chega-se a um ponto em que a corrosão da crítica arranca não apenas a máscara, mas a pele que cobre o rosto social. [...] Assim, nem sempre a mulher é vítima de uma situação de opressão: ela também sabe ser opressora[57].

4. O Grão da Voz – a Questão da Manifestação

Uma Canção Desnaturada se compõe de quatro estrofes, as três primeiras de oito versos e a última, que recobre uma melodia

---

56. Há, na *Ópera do Malandro*, uma outra canção, com a qual *Uma Canção Desnaturada* mantém uma relação de interdiscursividade, figurativa, por citação (cf. nota 61 do capítulo 3), em que aparece essa figura do cordão umbilical "às avessas". Trata-se da canção *Pedaço de Mim*, em cuja letra se encontram os versos: "Oh, pedaço de mim, / Oh, metade arrancada de mim, / Leva o vulto teu / Que a saudade é o *revés de um parto* [grifo nosso] [...]" (Chico Buarque, *Ópera do Malamdro*, p. 172).
57. Adelia Bezerra de Meneses, *Figuras do Feminino na Canção de Chico Buarque*, pp. 73-74.

CHICO BUARQUE – A TRANSGRESSÃO EM TRÊS CANÇÕES

ligeiramente diferente do resto da canção, de nove. Os versos são marcados por uma grande variação rítmica (há desde versos trissílabos até os tradicionais decassílabos), com uma predominância do verso de seis sílabas poéticas.

Essa falta de regularidade nos versos, aliada ao fato de a canção não possuir nenhum tipo de refrão, promove, na letra de *Uma Canção Desnaturada*, sucessivos desdobramentos que confirmam a alteridade do sujeito. Essa evolução contínua, à espera de um refrão que não vem (trata-se, como se viu no percurso gerativo de sentido, da ruptura, da <parada>, da perda da identidade), ilustra o percurso passional do sujeito e valoriza um período de busca orientada.

Considerando a gravação original da canção[58], com parceria vocal de Chico Buarque e Marlene, percebe-se que o arranjo, com cordas, violão e piano, acaba dando à canção a regularidade que a letra não tem (até porque ela só é cantada uma vez). A melodia introdutória é repetida entre a segunda e a terceira estrofes e ainda aparece, com um pequeno desdobramento melódico em direção aos registros graves, depois da última estrofe. Essa repetição, associada ao fato de nenhum instrumento se destacar claramente em algum momento da execução, faz com que a "voz que fala" se encontre com a "voz que canta". Com efeito, a

[...] voz que canta prenuncia, para além de um certo corpo vivo, um corpo imortal. Um corpo imortalizado em sua extensão timbrística. Um corpo materializado nas durações melódicas. [...] A voz que fala, esta sim prenuncia o corpo vivo, o corpo que respira, o corpo que está ali, na hora do canto. [...] Dessa singular convivência entre corpo vivo e corpo imortal brotam o efeito de encanto e o sentido da eficácia da canção popular[59].

58. LP ÓPERA DO MALANDRO (Philips, 1979).
59. Luiz Tatit, *O Cancionista – Composição de Canções no Brasil*, p. 16.

UMA CANÇÃO DESNATURADA

A letra de *Uma Canção Desnaturada*, sem repetições e sem previsibilidades, é o CORPO que sente e, por isso, fala. Mas a fala, por si só, está fadada ao esquecimento, ao descarte, e o arranjo colabora para estabilizar e conservar, com a voz que canta, as instabilidades do "corpo vivo". É esse, afinal, o processo que transforma a fala em canto, o andar em dança, a prosa em poesia[60].

A voz que canta em *Uma Canção Desnaturada* esconde esse "corpo vivo", esse *eu* enunciativo ao qual todo texto se subordina. Pode-se associar essa voz à figura da mãe na narrativa, mas a gravação original da canção apresenta dois intérpretes, ou seja, duas vozes, dois "grãos", afinal a voz da mãe (ou de quem quer que seja além dela)

> [...] não é pessoal: ela não exprime nada do cantor, da sua alma; ela não é original [...], e ao mesmo tempo ela é individual; ela faz-nos escutar um corpo que, certamente, não tem estado civil, "personalidade", mas que mesmo assim é um corpo separado; e sobretudo esta voz transporta *diretamente* o simbólico, por cima do inteligível do expressivo: [...] O "grão" seria isso: a materialidade do corpo falando a sua língua maternal: talvez a letra, quase seguramente a significância[61].

Assim, *Uma Canção Desnaturada*, embora tenha uma letra conduzida (ao menos do ponto de vista discursivo e narrativo) por uma única voz, apresenta dois intérpretes no nível da manifestação[62], dois "corpos vivos" que falam por trás do canto[63]. Por

---

60. Cf. Paul Valéry, *Variedades*, pp. 203-205.
61. Roland Barthes, *O Óbvio e o Obtuso*, p. 219.
62. Há uma outra gravação conhecida de *Uma Canção Desnaturada*, feita para a trilha sonora do filme *Ópera do Malandro* (Barclay, 1985), de Ruy Guerra. Esta versão é interpretada por Suely Costa e conduzida, portanto, apenas pela voz feminina.
63. Cf. Roland Barthes, *O Óbvio e o Obtuso*, p. 221.

CHICO BUARQUE – A TRANSGRESSÃO EM TRÊS CANÇÕES

esse motivo, é importante fazer uma pequena descrição de como a canção é interpretada por Chico Buarque e Marlene:

- 1ª estrofe: versos 1-2 (ele), versos 3-4 (ela), versos 5-6 (ele), versos 7-8 (os dois).
- 2ª estrofe: versos 1-2 (ele), versos 3-6 (ela), versos 7-8 (os dois).
- 3ª estrofe: versos 1-2 (ele), versos 3-4 (ela), verso 5 (ele), verso 6 (ela), versos 7-8 (os dois).
- 4ª estrofe: versos 1-2 (ela), versos 3-4 (ele), versos 5-9 (os dois).

Tanto a voz masculina quanto a feminina cantam o mesmo número de versos, o que reforça a ideia de dois CORPOS, de dois "grãos" cantando. Exceto pelos dísticos "Saíste maquilada / Dentro do meu vestido", que está mais diretamente ligado à mãe, os outros versos poderiam tranquilamente, na perspectiva discursiva, ser cantados tanto por uma voz masculina (identificada como a do pai) quanto por uma voz feminina (identificada como a da mãe). A combinação pai e mãe forma uma equivalência em que "o primeiro carrega a marca mítica do legislador ou destinador (cujo / querer/ se traduz em /dever/ no âmbito do filho-destinatário [a curuminha]) e a segunda personifica a fonte original do desejo e da criação [...]"[64].

Desse modo, o domínio deôntico do "pai" se funde ao domínio volitivo da "mãe", produzindo uma voz mais ampla, uma voz que constitui um eixo complexo formado pelos semas "pai" e "mãe". *Uma Canção Desnaturada* contém, portanto, um amplo grão da voz, entendido como "um misto erótico de timbre e de linguagem, e que, portanto, tal como a dicção, também pode ser a matéria de uma arte: a arte de conduzir o próprio corpo"[65].

64. Luiz Tatit, *Semiótica da Canção*, p. 224.
65. Roland Barthes, *O Prazer do Texto*, p. 115.

UMA CANÇÃO DESNATURADA

O "grão" do pai, durante a letra da canção, vai se combinando ao "grão" da mãe para formar esse CORPO maior, essa voz mais ampla que, no final de cada estrofe, materializa-se em um dueto (que tem uma intensidade dramática maior que os solos vocais). Esses duetos, sempre no mesmo ponto da melodia, acabam colaborando para a regularidade da canção, na medida em que se tornam previsíveis e, principalmente, ajudam a estabilizar a voz, vingativa, que fala à curuminha.

5. TEMAS E PAIXÕES – A HORA E VEZ DA MELODIA

Como apontamos na análise de *Mar e Lua*, Chico Buarque consegue, no seu trabalho de cancionista, encontrar repetidas vezes a *profundidade*, que definimos como a capacidade da canção popular em apresentar, em cerca de três ou quatro minutos, conflitos extremamente intensos. De fato,

[...] as criações profundas revelam uma perícia especial do compositor no sentido de só dizer o que a melodia tem condições de intensificar. Para isso, é necessário um discernimento aguçado na interpretação das insinuações entoativas e, consequentemente, na escolha de um texto compatível. Quase todos os grandes compositores tiveram experiências com criações profundas. Chico Buarque fez delas sua dicção[66].

Para conseguir sintetizar dramaticamente as paixões, o cancionista se vale muitas vezes das sequências narrativas implícitas nas letras de suas canções, que acabam condensando diversos percursos passionais anteriores. Assim,

---

66. Luiz Tatit, *O Cancionista – Composição de Canções no Brasil*, p. 234.

CHICO BUARQUE – A TRANSGRESSÃO EM TRÊS CANÇÕES

[...] as suas [de Chico Buarque] canções no feminino [como é o caso de *Uma Canção Desnaturada*], entre outras, exploram a tensão contida num estado passional sugerindo inúmeras narrativas anteriores, posteriores, causadoras ou decorrentes da paixão momentânea que aflige a personagem[67]. Chico concebe a paixão como um estado condensador de narrativas, como um /ser/ edificado por /fazeres/. [...] Suas paixões condensam narrativas cuja extensão, não raro, ultrapassa os limites musicais. Essa atração especial pela narratividade talvez seja a mesma que aproxima Chico da dramaturgia brasileira[68].

No nível narrativo, mostrou-se, por catálise, que era possível enxergar *Uma Canção Desnaturada* como a sanção de uma sequência narrativa pressuposta, até porque a canção faz parte de uma obra maior, a *Ópera do Malandro*. Por isso, as informações implícitas foram tão importantes para discutir as paixões envolvidas na relação sujeito/antissujeito ou, simplesmente, na relação mãe/filha.

A análise melódica contribui decisivamente para desvendar o sentido desse conflito, pois a linha melódica de *Uma Canção Desnaturada* intensifica o caráter contraditório das paixões encontradas no percurso gerativo de sentido.

As três estrofes iniciais da letra da canção são recobertas praticamente pela mesma melodia, o que, na forma extensa, produz uma regularidade, uma previsibilidade, um princípio de *tematização*. Já de início, pode-se inferir que essa <continuidade> melódica contribui para estabilizar os elementos verbais da canção (que, como já foi visto, não apresentam processos reiterativos), criando assim um "pulso" para ordenar a *passionalização* da letra.

---

67. Essa ideia vai ao encontro da análise realizada de acordo com o percurso gerativo de sentido.

68. *Idem*, p. 236.

UMA CANÇÃO DESNATURADA

Na dimensão intensa, as melodias que revestem essas estrofes iniciais também possuem evidentes traços temáticos.

Figura 1

que	sces	cu	minha	ssim	pressa	ta	nada
Por	cre	te ru	a	de	e es	ba	

Ou o final da segunda estrofe:

Figura 2

Ignorar teu cho	só	dar	
	ro e	cui	de mim

Nas Figuras 1 e 2, "a extensão melódica vem quase inteiramente retratada nas relações de vizinhança entre os seus fragmentos"[69], o que valoriza o pulso e a reiteração. Lembrando que a "tematização melódica é um campo sonoro propício às tematizações linguísticas ou, mais precisamente, às construções de personagens (baiana, malandro, *eu*), de valores-objetos (o país, o samba, o violão) ou, ainda, de valores universais"[70], as canções temáticas são mais propícias a tratar da continuidade, da identidade e dos movimentos conjuntos. Isso permitiria concluir que, em *Uma*

69. Luiz Tatit, *Semiótica da Canção*, p. 46.
70. Luiz Tatit, *O Cancionista – Composição de Canções no Brasil*, p. 23.

Canção Desnaturada, a letra é passional e a melodia é temática. Mas não é exatamente isso que ocorre.

Antes de tudo, vale recordar que a *tematização* está ligada à aceleração e, por conseguinte, aos ataques-acentuação. No entanto, a lentidão da melodia da canção faz com que as consoantes deem espaço para as vogais se manifestarem, e esses alongamentos vocálicos já negam a ideia de que a melodia de *Uma Canção Desnaturada* seja predominantemente temática[71].

Há vários índices de *passionalização* na canção:

Figura 3

		per			
		miti			
			ti		
ma	meu		do eu	ver	a o
			re		
quila	ves			tem	
	da den do	ti		po	
Sa te	tro	do se sse			
ís		fo			

Neste fragmento, exploram-se regiões mais amplas da tessitura, e a previsibilidade das Figuras 1 e 2 dá lugar à surpresa de três saltos intervalares. O primeiro salto, de cinco semitons, embora cubra um intervalo pequeno, configura, por dois motivos, uma

---

71. Considerando algumas arquicanções temáticas, como *O Que É Que a Baiana Tem?* ou *País Tropical*, fica realmente difícil defender a ideia de que *Uma Canção Desnaturada* seja um exemplo prototípico de *tematização*. Nas canções temáticas, é comum que, na letra, "exalte-se a mulher desejada, a terra natal, a dança preferida, o gênero musical, uma data, um acontecimento, enquanto na melodia manifesta-se uma tendência para a formação de motivos e temas a partir de decisões musicalmente complementares: aceleração do andamento, valorização dos ataques consonantais e acentos vocálicos (consequentemente, redução das durações) e procedimentos de reiteração" (Luiz Tatit & Ivã Carlos Lopes, *Elos de Melodia e Letra: Análise Semiótica de Seis Canções*, pp. 18-19).

UMA CANÇÃO DESNATURADA

\<parada>: em primeiro lugar, porque se trata do primeiro salto, isto é, do primeiro valor remissivo que interrompe a continuidade; em segundo, porque, devido à lentidão do andamento, o salto chama naturalmente mais atenção. O segundo salto, de quatro semitons, apenas confirma a ruptura, sem chegar a chamar atenção, pois a proximidade com um salto intervalar maior rouba-lhe a importância. Já o terceiro salto, de oito semitons (portanto, o mais marcante dos três), estabelece, com mais ênfase ainda, a \<parada> e, na sua forma intensa, representa um movimento disjunto.

Na segunda (Figura 4) e na terceira (Figura 5) estrofes, também é possível encontrar saltos intervalares de oito semitons:

Figura 4

rar		
as noi		
tes		
Re pe		
cu		

Figura 5

a		
bone		
ca		
Que tu		
brar		

CHICO BUARQUE – A TRANSGRESSÃO EM TRÊS CANÇÕES

Com a diferença de que, nesses casos, por repetirem o mesmo tipo de salto da primeira estrofe, eles menos instalam do que ressaltam a ruptura. Porém, na dimensão intensa, os três saltos representam a disjunção ou, para usar outra expressão, a perda da identidade. Essa descontinuidade melódica também pode ser notada a partir das transposições[72] presentes na Figura 3:

Figura 6

		per					
		miti					
				ti			
ma		meu		do *eu*	*ver*	a o	
				re			
quila		ves				tem	
	da *den* *do*	ti				po	
Sa te		tro		do se sse			
ís		fo					

Os trechos em itálico mostram um mesmo motivo que se repete em pontos verticais diferentes, configurando um processo de transposição, em que a ocupação da tessitura (nesse caso, trata-se da "ampliação da frequência e da duração") "valoriza a sonoridade das vogais, tornando a melodia mais lenta e contínua. [...] Daqui nasce a paixão que, em geral, já vem relatada na narrativa do texto"[73].

Essa transposição, na forma extensa, produz o mesmo efeito de sentido dos saltos intervalares mencionados, confirmando assim que a linha melódica de *Uma Canção Desnaturada* é principalmente caracterizada pelos movimentos disjuntos[74]. "Tudo ocorre

72. A transposição é um processo "exclusivamente melódico", que retrata "as mudanças bruscas de registro da tessitura" (Luiz Tatit, *Semiótica da Canção*, p. 109).
73. Luiz Tatit, *O Cancionista – Composição de Canções no Brasil*, p. 23.
74. Cf. Luiz Tatit, *Semiótica da Canção*, p. 128.

UMA CANÇÃO DESNATURADA

como se a distância entre sujeito/sujeito ou sujeito/objeto, relatada na letra, se convertesse em percurso de busca na melodia"[75].

Retomando a análise da letra, percebe-se que a frustração do sujeito (que ocasiona o impulso vingativo) é intensificada pela extensão melódica. Além disso, na melodia de *Uma Canção Desnaturada*, como os saltos intervalares e as transposições são mais notados do que os graus imediatos e as gradações, reforça-se menos a identidade do que a alteridade do sujeito.

Mas, na forma extensa, como foi apontado inicialmente, a melodia deixa transparecer um princípio de *tematização*, principalmente porque as três estrofes iniciais são cobertas por linhas melódicas muito parecidas. Para quebrar essa regularidade, a quarta estrofe propõe uma evolução (que não chega a configurar uma segunda parte)[76] que, a partir de novos saltos intervalares, reitera veementemente o desejo transgressor explícito na letra da canção.

Figura 7

lher			
	pra sem	dão	
	pre	do ven	
dão			tre cu minha
perdi			ru
do te co			
re			
	à es ri		
	cu		
Pe cor			
lo			

75. Luiz Tatit & Ivã Carlos Lopes, *Elos da Melodia e Letra*, p. 21.
76. Agora, entenda-se "segunda parte" da maneira proposta por Luiz Tatit (*Semiótica da Canção*, p. 77).

A melodia deste trecho da quarta estrofe, embora repita os mesmos motivos apresentados na Figura 6, traz algumas novidades. O salto intervalar inicial, de oito semitons, posto que semelhante aos saltos das Figuras 3, 4 e 5, não instala apenas uma <parada>; na realidade, ele inicia uma sequência de saltos que encerra a canção intensificando a descontinuidade[77]. O segundo salto, também de oito semitons, é o mais surpreendente. Depois de um salto intervalar, é comum que haja uma gradação descendente em direção aos registros graves. No entanto – motivada talvez pela própria letra da canção, que relata mais virtualizações do que realizações –, a melodia evita os registros graves e, com o segundo salto intervalar da Figura 7, vai buscar a nota mais aguda da canção (note-se que, somados, os dois primeiros saltos indicam uma subida de treze semitons), o que enfatiza a ruptura provocada pelo primeiro salto.

Assim, o segundo salto prorroga a tensão disjuntiva sugerida pelo primeiro salto, o que acaba causando surpresa, já que, nas três primeiras estrofes, não havia dois saltos intervalares tão contundentes colocados em sequência. O terceiro salto, por sua vez, embora seja o maior de toda a canção (com nove semitons), é apenas mais uma maneira de ratificar as tensões do sujeito, pois o ponto da tessitura atingido é menos agudo que o ponto alcançado pelo segundo salto. Desse modo, essa sequência final de saltos intervalares é uma forma de representar melodicamente o /não poder fazer/ que modaliza todo o percurso passional do sujeito.

O início e o fim das linhas melódicas que revestem as três primeiras estrofes se dão praticamente no mesmo ponto da tessitura, o que permite concluir que, após algumas oscilações verticais, a melodia acaba por reencontrar o ponto inicial. Sendo assim, o caminho

---

77. Essa ideia é perfeitamente compatível com a análise da letra, em que se mostrou que a canção apresenta o desejo de vingança e a impossibilidade de realizá-la.

UMA CANÇÃO DESNATURADA

em direção aos registros graves não deixa de ser um movimento conjunto, uma "terminação asseverativa do conteúdo relatado"[78].

Mas, na última estrofe, ocorre uma outra surpresa:

Figura 8

dão							
	do ven			de			
	tre cu	minha de on	não	veri		ter	
		ru	de	as	ca	í	
			nun				
						do	
					sa		
À es ri							
cu							

Veja-se que o final da canção é marcado pela irregularidade: não há motivos, não há gradações e não há previsibilidade. Além disso, o tonema final da última estrofe é mais agudo do que os tonemas que encerram as estrofes iniciais. A falta de marcas de regularidade e a manutenção do registro mais agudo confirmam, no final de *Uma Canção Desnaturada*, as rupturas tensivas do sujeito.

Para concluir a análise melódica, lembremos que, ao analisar a letra no nível discursivo do percurso gerativo de sentido, foi dito que o narrador e o narratário do texto eram explícitos, o que colocava o conflito passional da canção na dimensão intersubjetiva. O vocativo "curuminha", que designa o narratário e aparece seis vezes em debreagens enunciativas, contribui para produzir um efeito de sentido de subjetividade. Esses vocativos "são elementos

78. Luiz Tatit, *O Cancionista – Composição de Canções no Brasil*, p. 21.

CHICO BUARQUE – A TRANSGRESSÃO EM TRÊS CANÇÕES

linguísticos [trata-se, mais precisamente, de dêiticos] que indicam a situação enunciativa em que se encontra o *eu* (compositor ou cantor) da canção"[79].

Esses elementos, ao reforçarem o "grão da voz" (isto é, o CORPO que fala), conduzem o ouvinte (ou, semioticamente, o enunciatário) para um processo de *figurativização* melódica[80].

> Pela figurativização captamos a voz que fala no interior da voz que canta. Pela figurativização, ainda, o cancionista projeta-se na obra, vinculando o momento do texto ao momento entoativo de sua execução. Aqui, imperam as leis de articulação linguística, de modo que compreendemos o que é dito pelos mesmos recursos utilizados no colóquio[81].

A *figurativização* é, portanto, uma espécie de macroembreagem que chama atenção para o *ego-hic-nunc* da enunciação. Ao incorporar esse procedimento, *Uma Canção Desnaturada*, tanto no plano da letra quanto no plano da melodia, explicita, mais ainda, o sujeito, o *eu*, o CORPO que sofre as paixões da narrativa.

6. O CONTEXTO – UMA QUESTÃO POLÊMICA

Logo na introdução de *Elementos de Linguística para o Texto Literário*, Maingueneau afirma:

> Faz um quarto de século que as relações entre a Linguística e a Análise da Literatura não estão nem um pouco claras. Houve um tempo em que certos

---

79. *Idem, ibidem.*
80. Essa figurativização é capaz de promover uma "integração 'natural' entre o que está sendo dito e o modo de dizer, algo bem próximo de nossa prática cotidiana de emitir frases entoadas" (Luiz Tatit & Ivã Carlos Lopes, *Elos da Melodia e Letra: Análise Semiótica de Seis Canções*, p. 17). Além disso, sua origem está no fato de que o "canto sempre foi uma dimensão potencializada da fala" (Luiz Tatit, *O Século da Canção*, p. 41).
81. Luiz Tatit, *O Cancionista – Composição de Canções no Brasil*, p. 21.

UMA CANÇÃO DESNATURADA

literatos consideravam a Linguística como uma "ciência-piloto", enquanto outros a acusavam de tendências imperialistas[82].

De fato, as divergências epistemológicas entre a Linguística e a Teoria Literária são notórias e as duas disciplinas ainda estão separadas, para usar outra expressão de Maingueneau, por um "fosso"[83]. Não se pretende, neste trabalho, fazer um inventário dessas divergências, mas há um ponto de discordância entre linguistas e estudiosos da literatura que merece atenção especial na análise de *Uma Canção Desnaturada*. Trata-se da questão do contexto.

Massaud Moisés, um dos mais conhecidos teóricos da literatura, entende o contexto

[...] como a soma dos inumeráveis nexos referenciais que o texto estabelece com o meio circundante, a biografia, a cultura do autor, a História, a Política, a Sociologia, a Antropologia, as Artes etc. Nesse caso, o contexto se formaria dos significados provenientes da relação dos vocábulos do texto e a conjuntura externa amplamente divisada[84].

Assim, a interpretação literária foi muitas vezes se fundamentando numa perspectiva sociocultural, de maneira que o contexto histórico acabou se tornando um pressuposto indispensável para a compreensão dos textos. Tome-se como exemplo o ensino de literatura no Brasil (que é mais de História da Literatura do que de Literatura propriamente dita): antes de ler o texto, o aluno toma contato com o momento histórico de sua produção, o que faz com que a interpretação seja feita, muitas vezes, "de fora para dentro". Sobre essa perspectiva de análise, que defende que a obra literária

---

82. Dominique Maingueneau, *Elementos de Linguística para o Texto Literário*, p. 1.
83. *Idem*, pp. 1-3.
84. Massaud Moisés, *Dicionário de Termos Literários*, p. 98.

CHICO BUARQUE – A TRANSGRESSÃO EM TRÊS CANÇÕES

revela a mentalidade de um determinado momento histórico, Maingueneau afirma: "[...] essas noções praticamente não têm valor explicativo quando não se determina de que modo um *texto* pode 'exprimir' a mentalidade de uma época ou de um grupo"[85].

Sem querer entrar no mérito epistemológico desse modelo de leitura, sabe-se que diversos ramos da Linguística (e especialmente a Semiótica) voltaram-se contra estas interpretações literárias, por acreditar que o texto poderia levar ao contexto, mas nunca o contrário. Seguindo a máxima greimasiana, segundo a qual *extra textum nulla salus*[86], os semioticistas foram desconsiderando paulatinamente a importância das informações contextuais: a leitura deveria ser feita "de dentro para fora". Desse modo, a Semiótica procurou mostrar que um conhecimento anedótico[87] sobre a produção de um texto é irrelevante para sua compreensão.

No entanto, embora a bibliografia linguística não reserve grande espaço ao problema do contexto[88], é evidente (principalmente a partir

85. Dominique Maingueneau, *O Contexto da Obra Literária*, p. IX.
86. Essa frase é uma paródia do axioma *"Extra ecclesiam nulla salus"*, extraído da carta 73 de Cipriano, bispo de Cartago no século III, que teve um importante papel na dogmatização do Catolicismo. Essa máxima foi a base para a composição da bula *Unam Sanctam*, editada pelo papa Bonifácio VII no século XIV e que falava sobre as relações entre o poder espiritual e o poder temporal (cf. Renzo Tosi, *Dicionário de Sentenças Latinas e Gregas*, pp. 685-686 e Paul Harvey, *Dicionário Oxford de Literatura Clássica – Grega e Latina*, p. 121). A paródia, feita em francês ("*Hors du texte, point de salut*"), teria sido proferida por Algirdas Julien Greimas, pela primeira vez, em um curso ministrado em Ribeirão Preto, em 1973 (cf. Letícia Moraes, "A Noção de Texto na Semiótica: do Texto-absoluto ao Texto-objeto", *Estudos Semióticos*, p. 237).
87. Esse "conhecimento anedótico", ao qual já fizemos referência no item 6 do capítulo 3, pode incluir desde informações históricas até dados da biografia do autor.
88. No pequeno verbete "contexto" do *Dicionário de Semiótica* (p. 82), Algirdas Julien Greimas e Joseph Courtés afirmam que o contexto é "o conjunto do texto que precede e/ou acompanha a unidade sintagmática considerada, do qual depende a significação. O contexto pode ser [...] implícito e, nesse caso, qualificado de extralinguístico ou situacional". Para os dois semioticistas, uma das justificativas para que mesmo o contexto

UMA CANÇÃO DESNATURADA

da incorporação, por exemplo, dos postulados teóricos de Bakhtin) que o contexto pode ser analisado pela Semiótica, desde que ele possa ser encaixado no percurso gerativo de sentido ou, em outras palavras, desde que ele possa ser concebido como um novo texto[89].

Diana Luz Pessoa de Barros chega a apontar três tipos de contexto: "O primeiro, mais imediato e que será chamado de *contexto situacional*, é constituído por textos claramente *metalinguísticos*, em relação ao texto que contextualizam"[90]. Nesse caso, estamos pensando nos textos em que o escritor fala do seu processo de criação, em comentários críticos ou ainda em paratextos, como prefácios.

O segundo tipo de contexto, que será denominado *contexto interno*, reconstitui o caráter *idioletal* do texto, ou seja, determina os elementos ideológicos e linguísticos que caracterizam o produtor e o sujeito da enunciação[91].

Aqui, podemos incluir as relações de um poema ou de um conto com outros textos do mesmo livro.

A terceira espécie de contexto, chamada *contexto externo*, deve, finalmente, responder pelos valores que produtor e receptor manipulam, sejam eles de classe, de grupo, de época, de cultura[92].

Esse terceiro contexto que permite falar em "Geração de 45" ou de "regionalismo nordestino" na Literatura Brasileira do século xx.

implícito possa ser explorado nas análises semióticas é que "os elementos implícitos do texto linguístico são suscetíveis de serem restabelecidos por homologação desse texto com um texto não linguístico que dependa da semiótica do mundo natural".

89. Essa ideia parece ter escapado aos autores do *Dicionário de Semiótica*. Pelo menos, o texto do *Dicionário* não deixa clara essa possibilidade: a de analisar o contexto de acordo com o percurso gerativo de sentido e, em seguida, "unir" as análises por procedimentos intertextuais e interdiscursivos.

90. Diana Luz Pessoa de Barros, *Teoria do Discurso: Fundamentos Semióticos*, p. 144.

91. *Idem, ibidem.*

92. *Idem*, p. 145.

Já Fontanille, ao discutir a delicada distinção entre texto e discurso, recorre a uma tese de Jean-Michel Adam, de acordo com a qual:

$$[Discurso = Texto + Contexto]$$
$$[Texto = Discurso - Contexto]^{93}$$

Portanto, nessas equações, o contexto é o elemento que diferencia o texto do discurso. Fontanille analisa assim as equações de Adam:

> Dentro desta perspectiva, o ponto de vista do discurso integrava o contexto, enquanto o ponto de vista do texto o excluía[94]. [...] Constata-se, por experiência, que é o ponto de vista do texto, numa perspectiva hermenêutica, que obriga a incorporação dos elementos contextuais: sem isso, a interpretação ficará incompleta, e a compreensão, insatisfatória. Em contrapartida, o discurso não precisa recorrer ao contexto, não porque ele já compreenda o sentido de uma parte acrescentada (ou seja, de uma parte extratextual), mas sim porque a noção de contexto não é pertinente desse ponto de vista. Com efeito, o ponto de vista do discurso neutraliza a diferença entre texto e contexto; adotar o ponto de vista do discurso é admitir de uma só vez que todos os elementos, quaisquer que sejam, que auxiliam o processo de significação pertencem com razão à *unidade significante*, isto é, ao discurso. Enfim, é o ponto de vista do texto que "inventa" a noção de contexto[95].

Essa tal "invenção" atesta que o contexto é uma necessidade de certos tipos de análise; porém, não se trata, ao menos nesse caso, do contexto como o definiu Massaud Moisés, mas sim do

93. Adam *apud* Jacques Fontanille, *Sémiotique du Discours*, p. 87.
94. Para entender essa definição de "ponto de vista", vale a pena recorrer a um outro fragmento de Fontanille: "Se nós definimos a significação mínima como a reunião de um plano da expressão (E) e de um plano do conteúdo (C), os dois pontos de vista podem ser definidos da seguinte maneira: o *ponto de vista do texto* é aquele que nos permite seguir o caminho E → C, e o *ponto de vista do discurso* é aquele que nos permite seguir o caminho C → E" (Jacques Fontanille, *Sémiotique du Discours*, p. 84).
95. *Idem*, p. 89.

UMA CANÇÃO DESNATURADA

contexto entendido como o universo discursivo que orientou a produção do texto – o que engloba os três tipos de contexto de Barros. Dessa maneira, embora o texto possa ser visto como uma unidade completa de significados (o que já traz dificuldades para o analista), às vezes é importante considerá-lo do *ponto de vista do discurso*, que "[...] suscita outras dificuldades, notadamente no momento de construir o sincretismo dos diferentes modos e lógicas semióticas, mas estas dificuldades chamam atenção para a estrutura plural e polifônica da enunciação"[96].

Assim, a enunciação em *Uma Canção Desnaturada* apresenta algumas dificuldades, a começar pelo fato de que a canção está inserida numa obra maior, a comédia musical *Ópera do Malandro*. Por esse motivo, convém (após o percurso gerativo de sentido, o nível da manifestação e a análise melódica) encaixar metonimicamente a canção na obra a que ela pertence, o que se configura como um processo de contextualização. Do texto, chega-se ao contexto. A leitura é "de dentro para fora".

No primeiro ato da *Ópera*, cena três, os pais de Teresinha se desesperam ao descobrir que sua "curuminha" se casara com Sebastião Pinto, mais conhecido como Max Overseas, um dos maiores contrabandistas do Rio de Janeiro dos anos 1940. Fernandes de Duran e sua esposa, Vitória Régia Fernandes de Duran, cogitam então matar Max e, para isso, esperam poder contar com a ajuda do chefe da polícia, o inspetor Chaves. No entanto, Max e Chaves são amigos de infância, e, quando Teresinha diz isso aos pais, eles percebem que matar o novo genro não seria uma boa ideia. Em seguida, Teresinha propõe, em nome da paz familiar, a união de Duran e Max, ao que o pai responde:

96. *Idem, ibidem.*

CHICO BUARQUE – A TRANSGRESSÃO EM TRÊS CANÇÕES

DURAN [dirigindo-se a Vitória]: Diga à tua filha que eu não faço acordo com marginal. E diga também pra ela dizer ao marginal que vai ser muito difícil arrancar um tostão de mim.

TERESINHA [também se dirigindo a Vitória]: Então diga ao teu marido que nós não vamos precisar do dinheirinho dele, não. E diga também que enquanto ele parou no tempo de Artur Bernardes, enquanto ele vende filipeta ao Conde d'Eu, desconta promissória do Borba Gato e cria vaca em sociedade com o Caramuru, Max e eu entramos de peito aberto na era industrial. Adeus, mãe.

VITÓRIA: Minha filha, eu ia dizer "vai com Deus", mas pelo visto você preferiu a companhia do satanás.

TERESINHA: Ah, mamãe, também não exagera!

VITÓRIA: Se há uma coisa que nunca te faltou nesta casa foi educação cristã. Ah, se a congregação Mariana soubesse o que foi feito de ti...[97]

É após esse diálogo que Vitória canta à filha *Uma Canção Desnaturada*[98]. Portanto, a canção aqui analisada condensa o estado passional de uma mãe que acabou de ver a filha optar por um caminho diferente do planejado pelos pais. Com efeito, na perspectiva da canção analisada, o casamento de Teresinha e Max pertence a uma sequência narrativa implícita cuja sanção é *Uma Canção Desnaturada*. Como a filha cresceu "depressa e estabanada", os pais perderam o controle sobre Teresinha, embora tenham dificuldade em aceitar esse crescimento:

DURAN: Vitória, assim que você se refizer, diga à sua filha que ela tá proibida de se encontrar de novo com aquele canalha!

97. Chico Buarque, *Ópera do Malandro*, p. 88.
98. A edição consultada da *Ópera do Malandro* não contém essa canção. Para justificar a informação dada, está-se considerando a nova montagem da peça, feita pela Companhia Jovem de Repertório do TBC e que estreou em São Paulo no segundo semestre de 2000. Nas noites com espetáculos, foi vendido no TBC um programa (que está sendo usado como fonte de pesquisa) com algumas informações sobre a *Ópera*. Também estamos levando em consideração as informações do encarte do LP ÓPERA DO MALANDRO.

UMA CANÇÃO DESNATURADA

TERESINHA: Mamãe, eu tô casada e emancipada. Você sabe que o lugar da esposa é ao lado do marido[99].

Teresinha, "casada e emancipada", saiu de dentro do vestido da mãe. Por isso, Vitória faz tantas ameaças e imagina tantos castigos: trata-se de uma tentativa de reequilíbrio passional, de uma espécie de indenização. O sonho de reverter o tempo cronológico, impossível do ponto de vista lógico (embora desejado pelos pais desesperados), manifesta-se no momento em que Teresinha diz estar emancipada. A partir de então, os valores que nortearão a vida da menina podem não ser mais os compartilhados pelos pais do "tempo de Artur Bernardes". Esse processo de contextualização parte das informações do texto analisado, perfazendo o caminho *texto* → *contexto*, e não o contrário.

Retomando a ideia de que *Uma Canção Desnaturada* sugere uma transgressão virtualizada e considerando a macroestrutura narrativa da *Ópera*, é possível encontrar duas contextualizações importantes.

A primeira está associada às origens do teatro musical no Brasil, muito influenciada pelos gêneros cômicos que vieram da França no final do século XIX. Neles, eram comuns "as pirotecnias cênicas, os assuntos fantásticos e das mudanças de cenário repentinas e à vista do espectador"[100].

A segunda contextualização envolve a própria origem da ópera, entendida como uma grande obra musical dramática, que surgiu na Europa no século XVII e, especificamente na França, tornou-se "[...] essencialmente um espetáculo cortesão, com predominância de temas lendários ou mitológicos, e em cinco atos, com grandes

---

99. *Idem*, p. 81.
100. Diógenes André Vieira Maciel, "O Teatro de Chico Buarque", *Chico Buarque do Brasil*, p. 238.

CHICO BUARQUE – A TRANSGRESSÃO EM TRÊS CANÇÕES

cenas corais e cerimoniais refletindo a magnificência e a ordem social da era de Luís XIV"[101].

Essas *tragédies lyriques* influenciaram decisivamente a música inglesa, o que permite concluir que a *Ópera dos Mendigos* (1728), com música de Johann Christoph Pepusch sobre libreto de John Gay, surgiu na época dessas influências. Porém, esta *Ópera dos Mendigos* não constitui uma ópera tradicional, mas sim o que se convencionou chamar de *ballad opera*[102].

A sátira de John Gay, portanto, ao mesmo tempo em que se ligava às tradições musicais populares, negava a grandiloquência da ópera francesa cortesã (que era uma espécie de parente da tragédia aristotélica). Duzentos anos depois da ópera de Gay, surgiu em Berlim a *Ópera dos Três Vinténs*, com música de Kurt Weill sobre libreto de Bertolt Brecht e E. Hauptmann. Composta de um prólogo e oito cenas, a ópera de Brecht recriava, com um acentuado posicionamento crítico, a sátira de Gay. Chico Buarque reconhece que Gay e Brecht são a fonte da *Ópera do Malandro*.

> O nosso trabalho tem a estrutura da peça de Gay, o enfoque crítico de Brecht, mas é essencialmente brasileiro. [...] O que me chamou atenção para a *Ópera dos Mendigos*, escrita em 1728, foi a leitura que Brecht fez da peça em 1928, na medida em que os personagens são gente do povo[103].

O povo de Gay, Brecht e Chico, na realidade, subverte a estrutura da ópera tradicional e está figurativizado, respectivamente, no

---

101. *Dicionário Grove de Música*, p. 672.
102. "Gênero dramático inglês do século XVIII, habitualmente cômico, alternando diálogo declamado com canções feitas sobretudo para melodias tradicionais ou populares. O primeiro exemplo foi *The Beggar's Opera*, sátira de Gay, para a qual Pepusch fez o arranjo da música (1728)" (*Idem*, p. 69).
103. Programa da montagem da *Ópera do Malandro* feita pelo TBC, p. 16.

156

UMA CANÇÃO DESNATURADA

mendigo, nos três vinténs e no malandro[104]. Desse modo, o termo *ópera*, no título dessas três comédias musicais populares, acaba ganhando um traço de ironia, principalmente se se considera o repertório operístico europeu do século XIX.

Para perceber essa ironia, é necessário recorrer a um processo de contextualização. No entanto, isso não configura, de modo algum, uma recorrência a um conhecimento meramente anedótico sobre as condições de produção de um texto. Na verdade, trata-se de perceber que

> [...] enquanto enunciado, a obra também implica um contexto: uma narrativa, por exemplo, só se oferece como assumida por um narrador inscrito num tempo e num espaço que compartilha com seu narratário[105]. Deve-se levar em conta essa situação de enunciação, a *cenografia* que a obra pressupõe e, em troca, valida. Ao mesmo tempo, condição e produto, ao mesmo tempo "na" obra e "fora" dela, essa cenografia constitui um articulador privilegiado da obra e do mundo[106].

Portanto, é a *cenografia* da *Ópera do Malandro* que comprova a subversão que caracteriza o texto de Chico: a linguagem muitas vezes chula dos actantes, o submundo de bordéis e contrabandos

---

104. Em outro momento, Chico afirma: "Nós pegamos a Lapa, os bordéis, os agiotas, os contrabandistas, os policiais corruptos, os empresários inescrupulosos. (...) Tomamos como ponto de partida o que o italiano chama de *malacittá*, o *bas fond*. Esta Lapa que começa a morrer era o prenúncio de uma série de outras mortes: da malandragem, de Madame Satã, de Geraldo Pereira, de Wilson Batista. Foi o fim da era de ouro do sambista urbano carioca" (Jairo Severiano & Zuza Homen de Mello, *A Canção no Tempo: 85 Anos de Músicas Brasileiras, vol. I: 1901-1957*, p. 243-244).

105. Por se tratar de um problema vinculado à enunciação, ao discutir o problema do contexto, Maingueneau poderia ter usado os termos enunciador/enunciatário em lugar em narrador/narratário.

106. Dominique Maingueneau, *O Contexto da Obra Literária*, p. 121.

CHICO BUARQUE – A TRANSGRESSÃO EM TRÊS CANÇÕES

da Lapa dos anos 1940[107] e a percussão na caixinha de fósforos de João Alegre, por exemplo, não combinam com a grandiosidade dramática de *Carmem* ou *La Traviata*. Por esse motivo, ao narrar o drama de Max e Teresinha (com todas as implicações desse caso amoroso), a *Ópera do Malandro*, sob o ponto de vista da enunciação, é caracterizada por uma grande transgressão, afinal o fato de o sujeito da enunciação da *Ópera do Malandro* dar tanto espaço ao submundo da corrupção não deixa de ser uma forma de projetar a euforia sobre esse universo[108].

No final da peça, após encontros, desencontros, acordos, passeatas e reivindicações, o espetáculo é interrompido numa espécie de enunciação reportada em que Vitória Régia propicia um retorno do texto à instância enunciativa (o que é raro no teatro, ao menos na forma extensa):

VITÓRIA: Luzes! Eu pedi luzes! Suspende o espetáculo! Luzes na plateia! Ei, vocês aí em cima na técnica! Para tudo! Acende a plateia!

Luzes na plateia; a passeata para

VITÓRIA: Mas que absurdo! Que palhaçada! Eu não saí de casa para vir aqui passar vexame! Quem é o responsável por essa bagunça? Eu vou me queixar no *Jornal Nacional*. Que é que vocês estão pensando? Cadê o produtor?

---

107. "Lembrando que a peça aborda a década de 1940 no Brasil, o contexto é muito semelhante ao cenário dos anos 1970" em virtude da "dependência do Estado ao capital estrangeiro". Além disso, a *Ópera* "interessa porque, ao mesmo tempo em que faz alusão ao término do Estado Novo, foi escrita no momento em que a ditadura estava chegando ao fim" (Gabriel da Pereira, *Imaginando o Brasil: o Teatro de Chico Buarque e Outras Páginas*, p. 160).

108. Para tal, é necessário considerar a escolha do sujeito da enunciação eufórica. Perceba-se que, a partir do momento que o sujeito da enunciação escolhe seus actantes, suas sequências narrativas, suas paixões e seus revestimentos discursivos, ele está dando importância a tudo isso, o que não deixa de ser uma maneira de projetar a categoria da euforia sobre a macroestrutura textual e discursiva.

UMA CANÇÃO DESNATURADA

DURAN/PRODUTOR: Estou aqui, dona Vitória, desculpe. Eu não sei como foi que isso aconteceu. A senhora está bem?

VITÓRIA: Eu estou ótima, e tua mãe? Exijo satisfações![109]

Para desfazer a confusão criada, o suposto autor da peça, o malandro "João Alegre", é chamado às pressas para explicar o que estava acontecendo. João explica que, em vez de seguir o que havia sido ensaiado, resolvera dar um tom de partido alto à *Ópera*, deixando que cada ator fizesse o que achasse melhor. O produtor tenta se desculpar, mas Vitória não está disposta aceitar:

DURAN/PRODUTOR: Dona Vitória, eu não sei o que dizer. Talvez o melhor fosse a gente esquecer o incidente e recomeçar o final da peça do jeito que 'tava combinado.

VITÓRIA: Eu, por mim, ia embora imediatamente. Só continuo aqui por respeito a esse público maravilhoso que pagou ingresso... Ô, você! Como é mesmo o nome do crioulo? Vamos fazer um *gran finale* decente, mas tem que ser igualzinho ao ensaio geral!

JOÃO ALEGRE: Ah, isso não dá, não senhora. O que tá feito, tá feito. Partideiro que se respeita não volta a palavra atrás. [...]

DURAN/PRODUTOR: Está certo, João Alegre, você venceu. A carreira é sua e você tem todo direito de acabar com ela. Mas primeiro tem que me acompanhar ali na administração, que é pra formalizar a rescisão do contrato.

JOÃO ALEGRE: Com todo o prazer, doutor. Pessoal, eu volto já![110]

A referência que Vitória faz ao *gran finale* é clara: trata-se de ordenar a narrativa, recuperando o *lieto fine* das óperas italianas do início do século XVIII. Com efeito, durante o século XVII, os libretos eram tachados de confusos, o que fez com que, a partir de 1720, dois célebres libretistas italianos (Apostolo Zeno e, principal-

---

109. Chico Buarque, *Ópera do Malandro*, p. 176.
110. *Idem*, pp. 177-178.

159

CHICO BUARQUE – A TRANSGRESSÃO EM TRÊS CANÇÕES

mente, Pietro Metastasio) procurassem organizar racionalmente a ação dramática.

Os libretos de Metastasio servem como modelo da filosofia racionalista predominante, a ação evoluindo através de conflitos e equívocos até um inevitável *lieto fine* (final feliz), em que o mérito recebe a devida recompensa, geralmente propiciada por um ato de renúncia por parte de um déspota benevolente[111].

Sendo assim, o *gran finale* de Vitória relembra os finais felizes (que muitas vezes apresentam um reequilíbrio passional entre sujeitos antagonistas) das óperas italianas do século XVIII: a transgressão enunciativa proposta pela malandragem dá lugar aos valores da "cultura social". O artificial[112] "epílogo ditoso" da *Ópera do Malandro*, embora com uma evidente conotação irônica, é uma volta ao "padrão moderno, cristão e ocidental"[113].

VITÓRIA: Música, maestro!
Orquestra dá acorde seco que introduz a ópera. Do fundo do palco vem surgindo João Alegre, sentado ao volante de um conversível modelo anos 40. De agora em diante tudo será cantado.

JOÃO ALEGRE:
Telegrama
Do Alabama
Pro senhor Max
Overseas
Ai, meu Deus do céu
Me sinto tão feliz[114]

111. *Dicionário Grove de Música*, p. 673.
112. Essa artificialidade nasce do fato de esse epílogo parecer não ser planejado, quando, na realidade, ele foi programado pelo sujeito da enunciação.
113. Cf. nota 4 do capítulo 4.
114. Chico Buarque, *Ópera do Malandro*, p. 181-182.

160

UMA CANÇÃO DESNATURADA

O reaparecimento de João Alegre é surpreendente: um malandro partideiro num automóvel conversível. Sua chegada, para refazer o final da *Ópera*, traz o esperado final feliz. De fato, a transgressão enunciativa não se realiza plenamente: ela permanece no terreno da virtualização. *Uma Canção Desnaturada*, portanto, apresenta metonimicamente o mesmo conflito da macroestrutura da *Ópera do Malandro*. No entanto, o mais importante é lembrar que toda essa contextualização, embora pertinente, não é absolutamente necessária.

Vale ainda assinalar que a melodia que recobre esse "epílogo ditoso" não foi composta por Chico. Trata-se, na realidade, de uma colagem de trechos famosos de *Tannhäuser* (1845), do alemão Richard Wagner, de *Carmem* (1875), do francês Georges Bizet, e de *Rigoletto* (1851), *La Traviata* (1853) e *Aida* (1871), do italiano Giuseppe Verdi. Essa intertextualidade por citação[115] permite que a *Ópera do Malandro* deixe de ser uma sátira, uma *ballad opera*, para parecer uma ópera europeia tradicional do século XIX.

Assim, de modo irônico, a transgressão do discurso do malandro dá lugar à ordem e ao progresso. Nesse caso, a virtualização da transgressão é substituída pela alienação[116]. O sujeito da enunciação, portanto, mantém a transgressão virtualizada e aceita os valores impostos pela sociedade.

E como tudo tem que acabar em samba mesmo, o "epílogo ditoso" termina com uma versão acelerada da abertura de *Tannhäuser*:

---

115. Cf. José Luiz Fiorin, "Polifonia Textual e Discursiva", *Dialogismo, Polifonia, Intertextualidade*, p. 30.
116. Que pode ser entendida como a conjunção da "cultura social e da natureza individual" (Algirdas Julien Greimas, *Du Sens*, p. 150).

CHICO BUARQUE – A TRANSGRESSÃO EM TRÊS CANÇÕES

GENI:
O sol nasceu
No mar de Copacabana
Pra quem viveu
Só de café e banana

TODOS:
Tem gilete, Kibon
Lanchonete, neon
Petróleo
Cinemascope, sapólio
Ban-lon
Shampoo, tevê
Cigarros longos e finos
Blindex fumê
Já tem napalm e Kolynos
Tem cassete, ray-ban
Camionete e sedan
Que sonho
Corcel, Brasília, plutônio
Shazam
Que orgia
Que energia
Reina a paz
No meu país
Ai, meu Deus do céu
Me sinto tão feliz[117].

117. Chico Buarque, *Ópera do Malandro*, p. 189.

162

5. *Não Sonho Mais*

1. A Interpretação dos Sonhos – um Mistério Tensivo

Em 1979, Chico Buarque compôs duas canções para o filme *República dos Assassinos*, de Miguel Faria Jr.: *Sob Medida* e *Não Sonho Mais*. A primeira só foi gravada por Chico no CD CHICO – AO VIVO, em 1999, já a segunda fez parte do LP VIDA, de 1980. Várias vezes regravada, *Não Sonho Mais* ficou relativamente conhecida. No entanto, devido a outros sucessos do LP VIDA, essa canção, assim como *Mar e Lua*, nunca chegou a fazer parte do cânone de suas composições mais célebres.

Em *Não Sonho Mais*, uma mulher, aflita, dirige-se a um homem (ao que tudo indica, seu marido, seu namorado, seu companheiro ou qualquer outra coisa que o valha) para contar um sonho que ela teve: um sonho "desses que, às vezes, / A gente sonha / E baba na fronha / E se urina toda / E quer sufocar".

Este sonho, repleto de desditas e castigos, ocupa seis das dez estrofes da letra da canção. E mais do que um simples sonho, tra-

163

CHICO BUARQUE – A TRANSGRESSÃO EM TRÊS CANÇÕES

ta-se de um pesadelo, em que o homem é impiedosamente punido por um bando de orangotangos e flagelados. Ao acordar, a mulher pede ao companheiro para não ser castigada por ter tido um sonho tão cruel. Se ele disser que a ama, ela não sonha mais.

Num primeiro momento, é possível encontrar duas instâncias narrativas – a da realidade e a do sonho – que sugeririam uma oposição fundamental que organizaria tensivamente os conflitos estabelecidos pelo texto. A grande dificuldade interpretativa suscitada pela letra da canção é descobrir como se dá a projeção da foria sobre o plano da realidade e sobre o plano do sonho. O conceito de foria tem "seu sentido original associado a uma 'força para levar adiante', o que poderia explicar o ímpeto manifestado pelo sujeito quando altamente sensibilizado num estado passional. Ao lado das oscilações tensivas, reservadas à percepção do ser semiótico, a foria daria conta principalmente dos casos extremos, em que os aspectos sensíveis retirassem a própria racionalidade"[1].

No final da canção, quando a mulher pede para não ser castigada, reconhece-se que os valores – desejados por ela segundo o quadrado semiótico dos valores individuais[2] –, que surgiram no seu sonho (como, por exemplo, a crueldade, a vingança e a indiferença)[3] podem ser passíveis de punição. Esses valores são, do ponto de vista do plano da realidade, interditos, tanto que a mulher confessa que, depois do sonho, ela não conseguiu ficar em paz. Para perceber que os valores apresentados no sonho são desejados pela mulher, basta notar que ela afirma que havia "um bom motivo" e "justiça" no ato de castigar o homem; e mais do que

1. Luiz Tatit, *Passos da Semiótica Tensiva*, p. 93.
2. Cf. item 1 do capítulo 2.
3. Esses valores serão estudados com mais cuidado nos níveis mais concretos.

isso, ela lembra que no sonho, após o companheiro pedir piedade, ela ainda teve vontade de gargalhar.

A indiferença em relação ao sofrimento do homem e a ideia de que o castigo era justo mostram que o plano do sonho configura *o espaço da transgressão*, em que a "cultura individual" [a certeza de que o homem merece o castigo] entra em conjunção com a "natureza social" [a ideia de que os castigos bárbaros não são aceitos pela sociedade]. A mulher deseja o que a sociedade proíbe. O sonho permite aquilo que a realidade coíbe. Assim, a euforia é projetada sobre um valor interdito ou não prescrito socialmente, o que, como já dissemos, é uma das maneiras de definir a transgressão.

Mas essa transgressão, por ocorrer no território do sonho, é apenas virtualizada, ou melhor, ela é realizada somente no mundo onírico. Se o desejo de transgressão existe no sonho, é porque o sonho é eufórico; em contrapartida, o plano da realidade seria disfórico. No entanto, no final da canção, a mulher afirma estar disposta a não sonhar mais, o que significa que ela estaria disposta a deixar a transgressão na instância da virtualização. Desse modo, o desejo transgressor ficaria de lado e ela assumiria os valores sociais identificados com o plano da realidade. Na verdade, ela parece se culpar[4] por projetar a euforia sobre um valor interdito socialmente e, com isso, mostra como é difícil chegar à realização da transgressão.

Assim, a transgressão se afasta do plano da realidade, e o sonho, à Freud, é o depósito dos desejos reprimidos. Mas a questão é descobrir se a mulher também realmente deseja a transgressão no plano da realidade, pois no sonho é evidente que o desejo existe.

---

4. Essa culpa se manifesta na última estrofe da letra da canção, quando a mulher pede para não ser castigada pelo homem.

CHICO BUARQUE – A TRANSGRESSÃO EM TRÊS CANÇÕES

No plano da realidade, quando a mulher pede para não ser castigada, ela assume um papel de submissão ao homem – papel esse que é invertido no plano do sonho, numa espécie de carnavalização[5]. Mas, se ela conta o sonho ao homem (e mais do que isso, sente-se aflita para contar-lhe), é porque esse sonho foi importante para ela e porque ela acha que o homem precisa saber disso. Mas, se no plano da realidade a mulher está inferiorizada, por que ela resolve contar ao companheiro um sonho que pode levá-la ao castigo? Talvez porque o desejo transgressor se estenda para a realidade[6].

Com efeito, os valores tensivos de *Não Sonho Mais* são originados pelo contraste entre valores missivos antagônicos[7]. Desse modo, *Não Sonho Mais* nasce de um valor remissivo (o sonho) que propõe uma <parada>, uma ruptura com o plano da realidade. Essa descontinuidade está ligada à relação sujeito/antissujeito

5. Podemos entender a carnavalização, de maneira simplificada, como uma *inversão de papéis*. Dentro da "poética dos gêneros", como sugeriu Bakhtin, a carnavalização pode ser vista como o processo em que o texto renuncia "à unidade estilística" e passa a ser caracterizado "pela politonalidade da narração" (Mikhail Bakhtin, *Problemas da Poética de Dostoiévski*, pp. 107-108). Essa politonalidade está ligada à própria gênese do Carnaval, em que ocorria "a abolição das relações hierárquicas". De fato, desde a Idade Média, o Carnaval "era o triunfo de uma espécie de uma libertação temporária da verdade dominante e do regime vigente, de abolição provisória de [...] privilégios, regras e tabus" (Mikhail Bakhtin, *A Cultura Popular na Idade Média e no Renascimento – o Contexto de François Rabelais*, pp. 8-9). Seguindo esse raciocínio, podemos dizer que assim como o Carnaval poderia ser uma estratégia para negar os privilégios das classes dominantes (ainda que isso fosse feito em nome da "festa"), a mulher, em *Não Sonho Mais*, transfere para o território imponderável do sonho (que, em certa medida, está associado à ideia bakhtiniana de Carnaval) o desejo, talvez real, de acabar com os privilégios masculinos. Vale a ressalva de que, para Bakhtin, sempre há um valor positivo no objeto carnavalizado, o que não aparece – pelo menos de maneira evidente – nos versos de *Não Sonho Mais*.
6. Essa ideia será desenvolvida nos próximos itens deste capítulo.
7. Cf. item 1 do capítulo 4.

que estrutura as oposições que se verificam na letra da canção. As oposições *sujeito/antissujeito*, *programa/antiprograma* e *sonho/realidade* são a base para a análise tensiva.

A ideia de que há dois sujeitos antagonistas, colocando frente a frente seus programas, confirma a ruptura, a <parada> proposta pelo sonho. Este gera um valor remissivo que origina o percurso da transgressão, propondo novos investimentos sobre determinadas práticas sociais.

Na perspectiva tensiva, o sonho, por traduzir a <parada>, identifica-se com a tensão (tanto que a mulher diz que não consegue ficar em paz), enquanto a realidade seria o relaxamento (ela pede que o homem não brigue com ela, para que ela possa não sonhar mais). Retomando a ideia de que o sonho é eufórico e a realidade é disfórica, tem-se uma situação complexa: o sonho é eufórico e identifica-se com a tensão, já a realidade é disfórica e identifica-se com o relaxamento. Com efeito, no *espaço da transgressão*, a euforia, por estar projetada sobre um valor interdito, pode ser tensa, o que confirma a dificuldade de realizá-la.

Mas o relaxamento do plano da realidade não é completo, pois não há nenhuma certeza de que o desejo transgressor não se estenda para a realidade também. Um pouco intuitivamente, pode-se supor que o ímpeto da transgressão é tão forte que a mulher, ao acordar caindo da cama, ainda pode ser castigada por causa do seu sonho. Para ela, tanto os valores do sonho se estendem para a realidade que, no plano da realidade, ela pode ser punida pelos seus desejos no plano do sonho.

Do ponto de vista do andamento, o sonho é acelerado e rápido, mas, curiosamente, ao se projetar sobre a realidade, produz um efeito de retardamento, como se, na dimensão da temporalidade, ele fosse menos breve do que seria o esperado. Essa relação entre uma sub-

CHICO BUARQUE – A TRANSGRESSÃO EM TRÊS CANÇÕES

dimensão da intensidade (andamento) e uma da extensidade (temporalidade) exemplifica como aquela é regente em relação a esta[8].

Essa relação entre sonho e realidade é, ao mesmo tempo, sintagmática (ou seja, entre dois elementos *in praesentia*) e caracterizadora de uma ruptura, de uma <parada> (há uma evidente fronteira, ainda que gráfica, entre o que está em cada um dos dois planos analisados). De fato, "voltando ao sólido terreno da prova efetiva, no campo da objetividade discutida e da experiência demonstrada, os fenômenos são apresentados como se fossem sucessivos e descontínuos"[9].

Assim, o sonho e a realidade são sucessivos e descontínuos e ilustram o percurso virtual da transgressão em *Não Sonho Mais*. A organização tensiva da letra da canção coloca lado a lado o *espaço da transgressão* e as categorias tímicas que o sujeito da enunciação projeta sobre os planos em questão. A interpretação dos sonhos, tão discutida pela Psicanálise, é realmente um mistério tensivo.

2. UM PESADELO DESEJADO – A HIPÓTESE DE VINGANÇA

Os actantes de *Não Sonho Mais* estão vivendo, como foi proposto, um conflito, e a mulher, impressionada com o sonho que teve, resolve narrar ao homem o que aconteceu durante a noite. Portanto, é possível encontrar na letra da canção uma grande sequência narrativa canônica, em que o homem ficará sabendo como foi o sonho da mulher.

O actante feminino confessa-se "aflita" para contar seu sonho, que foi motivo de infortúnios e sofrimentos ("Tanta desdita, amor"). Esse "sonho medonho" de tal modo a atormentou que ela

---

8. Cf. item 2 do capítulo 2.
9. Gaston Bachelard, *A Dialética da Duração*, p. 54.

NÃO SONHO MAIS

se sente obrigada a dizer ao actante masculino qual foi seu sonho. Essa aflição[10], que tem o papel de destinador de uma manipulação, funciona como uma espécie de ameaça, e a mulher acaba aceitando os valores dessa manipulação. *Não Sonho Mais* apresenta, pois, um caso de manipulação por intimidação.

Intimidada pela aflição e de posse do /poder fazer/ e do /saber fazer/, a mulher começa a narrar, a partir da terceira estrofe, qual foi seu sonho. Essa narração, que ocupa seis estrofes da letra da canção, seria a *performance* dessa sequência narrativa canônica. Do estado de disjunção (em que a mulher não está de posse do objeto de valor *contar o sonho ao homem*[11]), ela passa ao estado de conjunção (em que ela adquire esse objeto desejado). Trata-se, portanto, de uma "aquisição transitiva ou por doação"[12], em que se opera a conjunção e o sujeito de fazer, o destinador da manipulação (a aflição), é diferente do sujeito de estado, o destinatário da manipulação (a mulher).

Transformada a junção, a mulher não só reconhece essa transformação, o que configura a sanção cognitiva, como fica temerosa com um possível castigo que ela possa vir a sofrer ("Ai, amor, não briga, / Ai, não me castiga"). Esse castigo potencial configura uma sanção pragmática, em que o homem, como destinador da sanção, ocupa uma posição hierarquicamente superior à da mulher.

10. Não é absurda a hipótese de que essa aflição da mulher em contar seu sonho ao homem seja uma marca da submissão do actante feminino. Sentindo-se culpada pela crueldade do sonho, ela quer, em certa medida, o perdão do companheiro. Nesses termos, não é exatamente a aflição (que se origina do choque entre o ímpeto de contar o sonho ao homem e os valores sociais que condenam a crueldade), mas sim a submissão feminina e, em última instância, a figura masculina que exerce o papel de destinador da manipulação.

11. O objeto de valor é, portanto, a informação que a mulher está transmitindo ao homem.

12. Diana Luz Pessoa de Barros, *Teoria do Discurso: Fundamentos Semióticos*, p. 33.

CHICO BUARQUE – A TRANSGRESSÃO EM TRÊS CANÇÕES

No entanto, essa possibilidade de castigo é surpreendente, pois, embora a mulher esteja numa posição de submissão em relação ao homem, o sonho é do território do imponderável, o que produz a dúvida: a mulher pode ser castigada, no plano da realidade, por aquilo que aconteceu no plano do sonho? Se sim, uma de duas: ou o homem não aceita a ideia de que os sonhos são incontroláveis, o que o desqualifica de acordo com a modalidade do /saber/; ou os ímpetos transgressores do sonho, como já havia sido sugerido, projetam-se também sobre a realidade. Como não há nenhuma marca de que o homem esteja privado desse /saber/, a segunda hipótese parece mais aceitável.

Na perspectiva do sonho, o homem passa do /parecer/ para o /ser/, o que se identifica com a verdade: ele parece merecer a punição e de fato a merece. Na perspectiva da realidade, o homem passa do /não parecer/ para o /ser/, o que se aproxima do segredo: ele não parece merecer o castigo, mas, ao que tudo indica, merece-o.

Além de pedir para não ser castigada, procurando impedir uma sanção pragmática negativa, a mulher termina a canção dizendo: "Ai, diz que me ama / E eu não sonho mais". Esse verso, na verdade, é o início de uma nova sequência narrativa canônica: trata-se de uma tentativa de manipulação por tentação. A mulher, destinador da manipulação, propõe ao homem, destinatário da manipulação, um prêmio (*o não sonhar mais*) para que o manipulado faça o esperado. Essa manipulação, se bem-sucedida, evitaria a sanção pragmática negativa, o que mostra que essas duas sequências narrativas canônicas estão combinadas por sucessão.

No plano da realidade, já foi dito que a mulher ocupa uma posição de inferioridade, posição que é invertida no plano do sonho[13].

---

13. Essa inversão está associada à ideia de carnavalização de que se falou (cf. nota 5 deste capítulo).

NÃO SONHO MAIS

No sonho, a mulher apoia o castigo ao homem, identificando-se com o "bando de orangotango", de "nego humilhado", de "morto-vivo" e de "flagelado". O homem então tem a "carcaça" rasgada e os "ovo" comidos, o que atesta a cólera[14] daqueles que o castigavam. Essa cólera faz supor que havia algum motivo para esse castigo. Alguma atitude anterior do homem deve ter provocado o descontentamento do "bando de orangotango", até porque, na quarta estrofe, diz-se: "De tudo que é lado / Vinha um bom motivo / Pra te esfolar". Assim, como o conflito de *Não Sonho Mais* se dá na relação sujeito/ antissujeito[15], pode-se inferir que o homem deve ter feito alguma coisa no passado para merecer o castigo[16]. Essa atitude, anterior à narrativa da canção, originaria um PN de vingança.

A "justiça" que motiva o castigo confirma que a cólera dos flagelados não é gratuita: trata-se de uma tentativa de compensação de sofrimentos e humilhações passadas. De fato, a vingança constitui um programa narrativo de compensação, numa tentativa de restabelecer o equilíbrio passional[17].

É importante notar que o PN de vingança contra o homem nasce de uma narrativa apenas sugerida pela letra da canção. Mesmo com essa narrativa não sendo explícita, é possível perceber que o "bando de orangotango" quer estabelecer um reequilíbrio patêmico com o antissujeito (isto é, com o actante masculino). A mulher, ao

---

14. Entendida, segundo o *Petit Robert*, como um "violento descontentamento acompanhado de agressividade" (*apud* Algirdas Julien Greimas, *Du Sens II*, p. 226).
15. Greimas nota que se "o sujeito que inspirou a malevolência pode ser o actante *antissujeito*: o querer-fazer servirá então de ponto de partida para o PN de vingança" (*Idem*, p. 237).
16. A expressão "nego humilhado" reforça a ideia de que as pessoas que castigavam o homem tinham motivos para fazê-lo. Essa humilhação, provavelmente provocada pelo homem, origina o "violento descontentamento acompanhado de agressividade" que, por sua vez, precede a vingança.
17. Cf. Algirdas Julien Greimas, *Du Sens II*, p. 241 (já citado no item 2 do capítulo 4).

CHICO BUARQUE – A TRANSGRESSÃO EM TRÊS CANÇÕES

ter "vontade de gargalhar", mostra que esse reequilíbrio passa pelo prazer de ver o antagonista ser punido[18].

O prazer não é, portanto, apenas uma manifestação de crueldade, mas sim uma satisfação de perceber que a frustração passada foi, de algum modo, reparada. Desse modo, no plano do sonho, não há conflito: a mulher (e, por extensão, os orangotangos) está de posse do /querer fazer/, do /poder fazer/ e do /saber fazer/[19]; por isso, há a transformação da junção e chega-se à *performance*. Mas, no plano da realidade, a mulher não consegue punir o homem: embora ela possua o /querer fazer/ e o /saber fazer/, tanto os valores sociais que condenam a crueldade quanto a posição de submissão que ela ocupa privam-na do /dever fazer/ e do /poder fazer/. A transgressão, nascida do fato de a mulher querer e não dever vingar-se, não se consuma no plano da realidade, ficando restrita ao universo onírico.

Entretanto, seguindo esse raciocínio, surge um outro problema. Se o sonho contém um PN de vingança que pressupõe uma narrativa anterior (em que o homem teria feito algo que desagradasse à mulher), essa narrativa estaria no plano do sonho ou no plano da realidade? Em outras palavras, a vingança operada no território do sonho foi gerada por uma atitude do homem no próprio sonho ou por alguma coisa feita no plano da realidade? Ora, se a mulher está se vingando por algo que aconteceu no plano do sonho, por que esse ímpeto de vingança se estende para a realidade?[20] As respostas para essas perguntas mostrarão que esses dois planos

---

18. Cf. Algirdas Julien Greimas, *Du Sens II*, p. 242 (já citado no item 2 do capítulo 4).
19. O /dever fazer/ não está claramente presente no território do sonho. A não ser que se considere que a sociedade, por condenar a brutalidade, impõe a ela um /dever não fazer/. No entanto, como se está no universo onírico, não há garantia de que esses valores sociais sejam realmente importantes.
20. Só será possível responder a essas questões no nível discursivo.

NÃO SONHO MAIS

são, na verdade, complementares e que um está permanentemente influenciando o outro.

Por enquanto, é possível perceber que a mulher, no plano da realidade, está numa posição de inferioridade em relação ao homem, o que permitiria que ele (por estar num nível hierárquico mais elevado) fizesse algo que a descontentasse[21]. Esse poder, no entanto, seria dirimido no momento em que a mulher pudesse sair da situação de submissão, como, aliás, parece ocorrer no plano do sonho. Se é assim, a origem do descontentamento da mulher se deu no plano da realidade, embora a vingança só ocorra no plano do sonho. A mulher não assume o desejo de vingança: ao renegá-lo ao território do sonho, ela mostra que a transgressão e a vingança são, literalmente, virtuais.

O /dever não fazer/ da realidade e o /querer fazer/ da realidade e do sonho estruturam inicialmente o conflito narrativo. A mulher (submissa na realidade, mas não no sonho) está insatisfeita com sua condição de inferioridade: há um /não querer ser/[22], e o sonho mostra ao homem que tudo pode mudar. O sonho é o *espaço da transgressão* de que a mulher se vale para demonstrar seu /não querer ser/ e, sobretudo, o /poder ser/ e o /saber ser/. O /dever ser/ fica em segundo plano: ainda que a convenção social e o poder

---

21. Os versos "Ai, amor não briga, / Ai, não me castiga" deixam subentender que o homem, por ter o "direito" de punir a mulher, pode já ter feito algo que a descontentasse a ponto de gerar a cólera. Mas, como a posição de inferioridade da mulher é clara, ela não tem coragem de assumir plenamente esse descontentamento.

22. Na letra da canção, o /querer fazer/ implica um /querer ser/. A mulher "quer" reequilibrar sua relação com o homem, o que origina o desejo dela em ser insubmissa e independente. Portanto, há também um /não querer ser/, já que ela não "quer" ser submissa e dependente. De fato, muitas vezes, um conflito de natureza modal pode ser visto como /querer ser/ ou como /não querer ser/, já que desejar A é, por dedução lógica, não desejar não A.

CHICO BUARQUE – A TRANSGRESSÃO EM TRÊS CANÇÕES

masculino possam pressioná-la para que ela seja submissa, o desejo de não o ser é mais forte.

Recorrendo, mais uma vez, às "denominações taxinômicas" de *Semiótica das Paixões* e considerando as variáveis de cada um dos sete verbetes encontrados[23], pode-se sugerir que a paixão dominante na letra de *Não Sonho Mais* tem uma disposição de durável para passageira, uma manifestação com episódios, uma modalização baseada no /querer/ e uma competência de suposta para negada. Nenhuma das possibilidades propostas tem essas características. Talvez fosse o caso de recorrer a uma combinação entre a emoção (disposição passageira e competência negada) e a inclinação (manifestação com episódios, modalização baseada no /querer/ e competência suposta). De qualquer modo, como a mulher não realiza a transgressão no plano da realidade, é inegável que a paixão predominante em *Não Sonho Mais* tem disposição de durável para passageira e uma manifestação com episódios (afinal, no plano da realidade, não fica absolutamente claro o desejo transgressor). Quanto à modalização, o /querer/ está em primeiro plano, pois o desejável se impõe sobre o necessário no transcorrer da narrativa. Finalmente, em relação à competência, ela é suposta, talvez negada, pois em princípio a mulher pode e sabe reverter sua situação de submissão, mas tem dificuldade em fazê-lo, já que para tal seria necessário propor todo um novo conjunto de valores[24].

A disposição passageira da paixão predominante na letra da canção reforça a <parada>, a ruptura, o valor remissivo re-

---

23. Cf. item 4 do capítulo 2.

24. Pode-se apontar que a mulher demonstra um certo medo em romper com os valores estabelecidos. O reconhecimento da superioridade do homem em "Ai, amor, não briga, / Ai, não me castiga" e a insegurança em relação aos sentimentos dele em "Ai, diz que me ama" mostram essa dificuldade em abandonar o *status quo*.

presentado pelo sonho. O percurso passional do sujeito começa com essa <parada>, mas, como a manifestação não é contínua, essa ruptura não tem forças para se manter viva e a transgressão permanece virtualizada. Levando em conta apenas o universo do sonho, a disposição é permanente e a manifestação é contínua; mas, fazendo-se o contraponto entre o plano do sonho e o plano da realidade, os valores remissivos perdem espaço. Essa resistência à ruptura gera uma <parada da parada>, em que a mulher volta ao plano da realidade sem conseguir realizar seu PN de vingança. Essa <parada da parada>, por sua vez, não produz um desdobramento narrativo, como seria esperado; na verdade, ela representa a volta ao plano da realidade (no qual a transgressão não se realizou), como se o sonho fosse um mundo às avessas, carnavalizado, em que as interdições de toda espécie dão espaço para a vitória do /querer fazer/ e do /querer ser/.

3. O Sonho Enunciado – uma Estratégia Argumentativa

A mulher, que é o ator principal de *Não Sonho Mais*, conduz integralmente o enunciado da canção, configurando-se como o narrador do texto. O homem é o narratário do enunciado. Ambos são explícitos: após inúmeras debreagens actanciais, o enunciador instala o *eu* e o *tu* no discurso. Essa dimensão intersubjetiva que organiza o enunciado confirma o efeito de sentido de subjetividade produzido pelo foco narrativo adotado.

A relação narrador/narratário do nível discursivo retoma o conflito sujeito/antissujeito dos níveis mais abstratos, e as debreagens enunciativas da categoria de pessoa confirmam a dualidade estabelecida entre narrador e narratário. Ao todo, são oito debreagens enunciativas do *eu*[25] (entre pronomes retos, acusativos e elípticos) e vinte debreagens enunciativas do *tu* (entre vocativos, pronomes retos, acusativos, elípticos e oblíquos tônicos).

Em relação à categoria de pessoa, o primeiro ponto relevante a ser considerado é o uso repetido do vocativo "amor", que é usado quatro vezes na canção. Dessas quatro ocorrências, duas se dão no plano da realidade, o que é esperado, pois o tratamento carinhoso "amor" é compatível com a situação de inferioridade vivida pela mulher; mas outras duas se dão no plano do sonho, o que causa surpresa, visto que a crueldade dos castigos impostos ao homem não combinaria com um vocativo tão afetuoso. Assim, ao narrar o sonho, a mulher continua a se referir ao homem da mesma maneira como ela o faria na realidade, o que permite inferir que o sonho não é narrado separadamente do resto do texto; ao contrário, ele é claramente mediado pela instância da realidade, o que permite levantar a hipótese de que vocativo "amor" possua, no plano do sonho, traços de ironia.

Não são apenas as duas ocorrências do vocativo "amor" que mostram como a realidade influencia a maneira como a mulher narra seu sonho. O verso "E, olha que maldade" também é um comentário vinculado à realidade: a mulher se espanta (talvez ironicamente) por ter tido vontade de gargalhar ao ver o desespero do homem, ou seja, ela se surpreende com sua indiferença em relação aos sofrimentos masculinos. Essa surpresa não poderia ocorrer no plano do sonho, pois neste os valores da transgressão estão em evidência. Assim, o espanto é o comentário que o plano da realidade coloca no meio da narrativa do sonho, o que confirma a ideia de que o ato de narrar o sonho é influenciado pelos valores

---

25. Sem considerar ainda os casos de "pessoa ampliada".

NÃO SONHO MAIS

estabelecidos no plano da realidade, de maneira que, na perspectiva discursiva, a realidade está num nível hierárquico mais importante do que o sonho.

Voltando à categoria actancial, nota-se também que, durante o sonho, o narrador, por meio de debreagens enuncivas, instala os atores que serão responsáveis por castigar o homem. Os candangos, os orangotangos, os humilhados, os mortos-vivos e os flagelados serão, inicialmente, os agentes das punições. O narrador, nas três primeiras estrofes do sonho, não se inclui no grupo dos "vingadores", até que o verso "Chorou pra gente" finalmente coloca o narrador nesse grupo. Esse "a gente" é usado em lugar de um "nós": trata-se de um caso de "pessoa ampliada" (ou amplificada) em que esse "nós"

> [...] não é a multiplicação de objetos idênticos, mas a junção de um *eu* com um *não eu*. [...] [Trata-se especificamente de] um *nós* exclusivo, em que ao *eu* se juntam *ele* ou *eles* (nesse caso, o texto deve estabelecer que sintagma nominal o *ele* presente no *nós* substitui)[26].

Na sétima estrofe da letra da canção, o narrador se torna o protagonista do castigo ao afirmar: "E escarrei-te inteira / A tua carniça". De observadora, a mulher passa a coadjuvante; de coadjuvante, ela passa a protagonista. Na estrofe seguinte, os versos: "Te rasgamo a carcaça, / Descemo a ripa, / Viramo as tripa, / Comemo os ovo", por meio de debreagens enunciativas, instalam um "*nós* exclusivo" que congrega todos os atores (a mulher e os "mortos-vivos") para a conclusão da vingança. Essa conclusão, com música e tudo mais, celebra o prazer provocado pelo sofrimento do narratário. No entanto, ao mostrar essa celebração, o

26. José Luiz Fiorin, *As Astúcias da Enunciação*, pp. 60 e 124.

CHICO BUARQUE – A TRANSGRESSÃO EM TRÊS CANÇÕES

narrador usa a expressão "aquele povo" para designar aqueles que estavam comemorando. O uso do demonstrativo "aquele", que "marca o que foi dito [...] num outro contexto (fora do contexto da enunciação), porque seu valor básico, em função dêitica, é situar fora da cena enunciativa"[27], configura, dentro da categoria de espaço, uma embreagem em que o espaço do enunciador é substituído pelo espaço enuncivo, o que produz um efeito de sentido de afastamento da instância da enunciação. É como se a mulher não quisesse mais se identificar com os "humilhados", procurando, por meio da distância espacial, desvincular-se dos valores da vingança. Mas por quê? Talvez porque a narrativa do sonho estivesse acabando, sendo, portanto, conveniente que ela, ao voltar ao plano da realidade, deixasse no ar que não compartilha dos cruéis desejos dos "candangos". Acontece que essa tentativa de se afastar daqueles que comemoram a vingança contradiz a própria narrativa do sonho, em que se afirma que havia um "bom motivo" e "justiça" no ato de castigar o homem; mais do que isso, no sonho, o narrador quer gargalhar por causa do desespero da narratário. Sendo assim, a embreagem "aquele povo" apenas confirma que a mulher aparentemente se desliga dos agentes da vingança, ao mesmo tempo em que há inúmeras marcas, tanto no plano da realidade quanto no plano do sonho, de que ela corrobora os ímpetos transgressores.

Também na categoria espacial, os versos "Foi um sonho medonho, / Desses que, às vezes, / A gente sonha" merecem destaque, pois o pronome demonstrativo "desses"[28], por assinalar "proximi-

---

27. *Idem*, pp. 267-268.
28. Embora em rigor haja um sistema tricotômico de pronomes demonstrativos em português (este, esse e aquele), está havendo, como percebeu Joaquim Mattoso Câmara Júnior, "uma neutralização da oposição *este/esse*", de maneira que não faz

NÃO SONHO MAIS

dade dos actantes da enunciação"[29], produz um efeito de sentido de aproximação entre a mulher e o sonho. Se em lugar de "desses", usasse-se "daqueles", o sonho estaria mais afastado do narrador. Essa aproximação afetiva com o plano do sonho é mais um indício de que a mulher se identifica com o *espaço da transgressão*.

Ao se aproximar aos valores do sonho, o narrador mostra que, apesar de adotar no plano da realidade uma posição de inferioridade, há na instância da enunciação traços que comprovam a insatisfação da mulher com essa situação. Os versos "Ai, amor, não briga, / Ai, não me castiga", portanto, não são exatamente uma prova da submissão feminina; antes disso, são ironias[30] que apenas reforçam a euforia projetada no plano do sonho. Como a narrativa do sonho é mediada pelo plano da realidade, tem-se que os desejos transgressores nascem no plano da realidade, mas ficam disfarçados; depois, são disseminados no plano do sonho e, finalmente, ocultados no final da canção, quando a mulher volta ao território da realidade. Além disso, os versos "Ai, diz que me ama / E eu não sonho mais" não são uma manifestação da insegurança do narrador, mas sim uma ameaça: se o homem disser que a ama (em outras palavras, se ele tentar estabelecer uma relação de igualdade entre os dois), ela não sonha mais (em outras palavras, ela abandona seus desejos de vingança).

---

muita diferença usar "desses" ou "destes" (*idem*, p. 266). O texto de Mattoso afirma: "A rigor, no emprego anafórico desaparece a oposição *este / esse*, ou antes, *este* não passa de uma forma mais enfática do que *esse*. A oposição estrutural se transpõe para uma mera oposição estilística" (Joaquim Mattoso Câmara Júnior, *Estrutura da Língua Portuguesa*, p. 124).

29. José Luiz Fiorin, *As Astúcias da Enunciação*, p. 266.

30. Entenda-se ironia como um procedimento discursivo no qual se diz, no enunciado, algo que é negado pela enunciação (c.f. José Luiz Fiorin, *Elementos de Análise do Discurso*, p. 56). Ainda neste item, desenvolveremos um pouco mais a ideia de *Não Sonho Mais* possuir traços irônicos.

CHICO BUARQUE – A TRANSGRESSÃO EM TRÊS CANÇÕES

O verso "E eu não sonho mais" contém uma embreagem temporal, em que o presente é usado no lugar no futuro do presente. A mulher está fazendo uma promessa ao homem: "E eu não sonho mais" significa "E eu não sonharei mais".

O futuro é sempre uma expectativa. Por isso, quando é expresso pelo presente, cria-se o efeito de sentido de certeza, afastando-se a nuança semântica da hipótese. Por esse motivo, o futuro próximo, sentido como de realização inevitável, é mais suscetível de ser manifestado pelo presente[31].

A certeza de que a mulher não vai mais sonhar traduz a intenção dela em não precisar mais dos valores da transgressão; mas, para isso, é necessário que o homem mude seu comportamento. Essa tentativa de transformar o ator masculino justifica a hipótese de que o sonho é, sobretudo, uma estratégia argumentativa usada pelo sujeito da enunciação para levar o homem a aceitar os valores defendidos pela mulher.

Na verdade, o fato de ela criar um ator coletivo (formado por ela, pelo "bando de orangotango", pelos humilhados, pelos mortos-vivos e pelos flagelados) para operar a vingança não deixa de ser uma terceirização da censura. Assim, o papel temático do transgressor não é exercido exatamente pela mulher, mas sim por uma série de atores, o que serve para reiterar que havia "justiça" naqueles castigos. Essa terceirização procura livrar o narrador da responsabilidade exclusiva por aquelas punições. E, para reforçar que o sonho é uma estratégia discursiva para convencer o homem da validade da ideologia feminina, a variante linguística empregada nas estrofes que narram o sonho é popular e informal, contrastando com a variante do plano da realidade. Reforça-se, assim, que a

31. José Luiz Fiorin, *As Astúcias da Enunciação*, p. 197.

NÃO SONHO MAIS

narrativa do plano do sonho é minuciosamente construída para persuadir, no plano da realidade, o homem.

Partindo então da ideia de que a instância da enunciação se constrói a partir de uma relação destinador/destinatário, conclui--se que sempre há estratégias de persuasão envolvidas no /fazer enunciativo/. O sujeito da enunciação assume, ao mesmo tempo, o papel de sujeito de estado[32] e destinador da produção do texto.

Ao organizar a relação enunciador/enunciatário, o sujeito da enunciação produz um jogo argumentativo em que a mulher, que assume o papel de enunciador e de narrador, procura – a partir da ameaça que o sonho representa para o ator masculino – convencer o homem de que ela está cansada da posição de submissão que ela ocupa. O homem, por sua vez, representa o narratário do texto (pois ele vem debreado enunciativamente inúmeras vezes), mas não o enunciatário (pois o enunciatário perceberia que o sonho feminino é uma estratégia de persuasão usada como uma ameaça pela mulher).

Essa falta de correspondência semântica entre o enunciatário e o narratário marca a complexidade discursiva de *Não Sonho Mais*: explicitamente dirigida a um ator (o homem), a canção propõe para o enunciatário a tarefa de perceber as sutilezas discursivas que encobrem a relação amorosa enunciada na letra da canção. Como uma grande manipulação por intimidação, a canção traduz um / fazer fazer/: o narratário é ameaçado pelo enunciador-narrador para que ele faça o esperado pelo manipulador.

A retomada da distinção de Perelman entre a argumentação *persuasiva* e a argumentação *convincente*[33] ajuda a entender a distinção proposta entre o narratário e o enunciatário.

---

32. Afinal, a enunciação tem sua dimensão narrativa.
33. Cf. Chaïm Perelman, *Enciclopédia Einaudi*, pp. 238-239.

CHICO BUARQUE – A TRANSGRESSÃO EM TRÊS CANÇÕES

Propomo-nos chamar *persuasiva* a uma argumentação que pretende valer só para um auditório particular e chamar *convincente* àquela que deveria obter adesão de todo ser racional [isto é, do auditório universal][34].

O homem, como narratário, é uma espécie de auditório particular, pois a narrativa do sonho comporta-se como uma estratégia argumentativa específica para produzir o /fazer crer/ e o /fazer fazer/. Para obter o resultado positivo, a mulher ameaça o homem com castigos que o colocariam numa posição de inferioridade e submissão. Como, no plano da realidade, é a mulher quem ocupa essa posição de inferioridade e submissão, infere-se que o sonho inverte os valores da realidade. Portanto, a estratégia argumentativa da mulher consiste em aproveitar as próprias armas[35] do homem para ameaçá-lo. Por causa disso, essa estratégia é bem construída, já que, como a relação de persuasão também se dá na dimensão destinador/destinatário, a argumentação só obterá sucesso se os valores de um e de outro forem os mesmos. Portanto, o que a mulher faz, no papel de enunciador-narrador, é aproveitar os valores do próprio narratário para persuadi-lo. Essa estratégia é praticamente a garantia de eficiência da persuasão.

Se o sonho é uma estratégia argumentativa dirigida especificamente ao homem, os versos "Que eu tava aflita / De te contar" indicariam que a mulher não está exatamente intimidada pela aflição[36], mas sim que essa aflição pode traduzir a impaciência da

---

34. Chaïm Perelman & Lucie Olbrechts-Tyteca, *Tratado de Argumentação – a Nova Retórica*, p. 31.
35. Essas armas estão ligadas à posição hierárquica do ator masculino. Como, no plano da realidade, a mulher é submissa, ele está de posse do /poder/, o que permite que ele distribua a ela prêmios ou castigos. Esse /poder/ do homem transfere-se, no sonho, para as mãos da mulher, que passa a usar os recursos tipicamente masculinos para manipular o narratário.
36. Como foi sugerido no nível narrativo (cf. nota 10 deste capítulo).

NÃO SONHO MAIS

mulher em contar logo seu sonho, pois ele representa a tentativa de abandonar a posição de submissão em que ela se encontra. Mais do que isso, como o sonho deixa transparecer os desejos de vingança (e já foi dito que o sonho é eufórico), essa aflição inicia o percurso da transgressão em que, após inúmeros enleios discursivos, a mulher propõe um reequilíbrio patêmico com o homem. Se esse reequilíbrio não chega ao plano da realidade (e o texto não dá pistas de qual é a reação do homem ao ouvir as queixas femininas), ao menos a narrativa do sonho acaba sendo uma forma de realizar, no nível argumentativo, a transgressão.

Se o homem, como narratário, é uma espécie de auditório particular da letra da canção, o enunciatário criado pelo sujeito da enunciação aproxima-se do auditório universal de Perelman.

Uma argumentação dirigida a um auditório universal deve convencer o leitor do caráter coercivo das razões fornecidas, de sua evidência, de sua validade intemporal e absoluta, independente das contingências locais ou históricas[37].

De fato, o enunciatário é quem percebe que o sonho é, antes de tudo, uma estratégia argumentativa. Não importa se o sonho ocorreu ou não, o que interessa é perceber os mecanismos discursivos que atestam a "evidência" e a "validade intemporal e absoluta" dos mecanismos argumentativos empregados pelo enunciador na letra da canção.

Portanto, o narratário é o destinatário da argumentação representada pela ameaça do sonho, enquanto o enunciatário é o destinatário de uma argumentação de uma instância pressuposta, na qual o importante é compreender as estratégias usadas para manipular o narratário. Essa distinção proposta entre narratário

37. *Idem*, p. 35.

CHICO BUARQUE – A TRANSGRESSÃO EM TRÊS CANÇÕES

e enunciatário reforça a tese de que a instância da enunciação e a instância do enunciado em *Não Sonho Mais* não operam com os mesmos valores.

Isso pode ser associado ao fato de a letra da canção manifestar indícios de ironia. Na realidade, a ironia de *Não Sonho Mais* incide principalmente sobre a postura de submissão adotada pela mulher[38], já que os recursos discursivos empregados por ela mostram que o homem está sendo ameaçado pelo narrador (e é evidente que o papel de ameaçador não é compatível com uma postura de submissão). Desse modo, podemos dizer, retomando a ideia de que narratário e enunciatário não são semanticamente equivalentes no texto, que há dois tipos de ironia em *Não Sonho Mais*: a *ironia retórica*, que consiste em fazer com "que a ironia seja compreendida pelo ouvinte [nesse caso, o enunciatário], como ironia, e, portanto, como sentido contrário"[39], e a *ironia que emprega a tática da ação*, que "usa a dissimulação e a simulação como armas do engano: quer, por conseguinte (até que se dê uma eventual alteração da situação), manter, em estado definitivo, o mal-entendido"[40].

Portanto, o primeiro tipo de ironia se dirige ao enunciatário; o segundo, ao narratário, isto é, ao ator masculino do texto. Assim, os traços irônicos do texto são identificados pelo enunciatário, ao mesmo tempo em que podem levar o narratário a se comportar conforme o narrador-enunciador espera.

As escolhas lexicais do enunciador, principalmente no plano do sonho, também são relevantes para compreender essa relação entre a enunciação e o enunciado. O plano do sonho é, com efeito, um tipo

---

38. Demonstrada sobretudo por versos como "Ai, amor, não briga, / Ai, não me castiga, / Ai, diz que me ama / E eu não sonho mais."
39. *Elementos de Retórica Literária*, p. 251.
40. *Idem, ibidem.*

NÃO SONHO MAIS

de enunciação reportada[41], pois a mulher narra seu sonho ao mesmo tempo em que mostra (por meio, por exemplo, dos vocativos e da expressão "olha que maldade") que essa narrativa é mediada pelo plano da realidade. Ao usar palavras como "esfolar", "atolava", "sujava", "fedia", "empestava", "escarrei", "tripa" e "ovo", que têm uma carga conotativa evidentemente negativa, o enunciador transfere para o ato de enunciar o sonho as paixões sentidas pelos actantes na narrativa do sonho. O narratário não é capaz de perceber essa transferência, pois a ele pode parecer apenas verossimilhança a escolha lexical do narrador; no entanto o enunciatário percebe que, ao aproveitar as paixões envolvidas no plano do sonho para narrá-lo ao homem, a mulher acaba mostrando que essas palavras de conotação negativa podem traduzir exatamente o que ela está sentindo[42].

Duas palavras específicas merecem atenção especial: trata-se dos substantivos "carniça" e "carcaça". Ambos fazem referência à morte, mais especificamente ao corpo do cadáver. Ao se referir ao homem dessa maneira, a mulher mostra que, durante o sonho, os castigos foram tão impiedosos que levaram o ator masculino à morte. Mas como, no plano da realidade, ele evidentemente continua vivo, percebe-se, mais uma vez, que o enunciador-narrador projeta

---

41. Entendida, de acordo com Courtés, como "um simulacro – no interior do discurso – da relação de comunicação entre enunciador e enunciatário" (*apud* José Luiz Fiorin, *As Astúcias da Enunciação*, p. 40).
42. Como o enunciado do sonho é mediado pelo plano da realidade, a mulher poderia, se não quisesse ofender o homem com palavras tão duras, substituir essas expressões de conotação negativa por outras menos pesadas. No entanto, ela não o faz. Somando-se isso ao fato de que o sonho é eufórico (tanto que os valores da transgressão se estendem, ainda que disfarçadamente, para o plano da realidade), a escolha lexical do enunciador confirma, de maneira indiscutível, que o plano da realidade já contém os desejos de vingança. Essa ideia, por sua vez, desfaz a dúvida deixada no nível narrativo: certamente a mulher, ao narrar o sonho, está se vingando de algo que o homem lhe fez no plano da realidade.

CHICO BUARQUE – A TRANSGRESSÃO EM TRÊS CANÇÕES

sobre a instância do sonho os valores do plano da realidade, fazendo com que o sonho permita aquilo que a realidade proíbe. Essa ideia retoma o *espaço da transgressão* em que se situa *Não Sonho Mais*.

As expressões "carniça" e "carcaça" são também figuras discursivas que revestem os temas da crueldade, da vingança e da indiferença expressos na letra da canção. Esses temas são produzidos pelos valores já apontados no nível narrativo: os ímpetos transgressores são recobertos por figuras que também funcionam como estratégia argumentativa para manipular o narratário.

Inicialmente, a terceira e a quarta estrofes da canção disseminam no texto uma série de figuras para representar os atores que vão castigar o ator masculino. As expressões "trem de candango", "bando de orangotango"[43], "nego humilhado", "morto-vivo" e "flagelado" são usadas para apresentar atores que têm o mesmo papel actancial. Essas figuras formam uma isotopia da marginalidade: os agentes dos castigos são os explorados, os humilhados, os rejeitados, os excluídos. A quinta estrofe mostra a figura do desespero masculino para fugir às punições ("Quanto mais tu corria"), ao mesmo tempo em que dissemina figuras que atestam a posição de submissão do narratário ("ficava", "atolava", "sujava", "fedia" e "empestava"). Esses verbos figurativizam a situação vexatória em que o homem se encontrava. Para reforçar a inferioridade do ator masculino, a sexta estrofe ainda diz que ele "Chorou pra gente, / Pediu piedade": esse choro e esse pedido de misericórdia são figuras que revestem o tema da subordinação completa do ator masculino aos demais atores do sonho. Ainda na sexta estrofe, a "vontade de gargalhar" traduz o tema da indiferença em relação aos sofrimentos do narratário.

---

43. Essa animalização dos agentes da punição não é disfórica, como se podia pensar num primeiro momento. Na realidade, a associação entre os atores e os animais é uma maneira de demonstrar a força dos impulsos que originarão a vingança.

NÃO SONHO MAIS

Na sétima estrofe, a forma verbal "escarrei" reforça a indiferença e mostra a ferocidade quase escatológica das punições. Por fim, considerando também a oitava estrofe, "carniça", "carcaça", "tripa" e "ovo" são figuras que recobrem o tema da morte violenta, com requintes de crueldade. Esquematicamente, poderíamos representar da seguinte maneira a instalação das figuras discursivas no texto:

TEMAS	FIGURAS DISCURSIVAS QUE REVESTEM OS TEMAS
Caracterização (marcada pelo traço do exagero e da crueldade) dos responsáveis por castigar o homem	"Um trem de candango, / Formando um bando, / mas que era um bando / De orangotango", "Vinha nego humilhado, / Vinha morto-vivo, / Vinha flagelado".
Desespero do homem para escapar dos castigos	"Quanto mais tu corria".
Incapacidade do homem para reagir aos castigos	"Mais tu ficava, / Mais atolava, / Mais te sujava, / Amor, tu fedia, / Empestava o ar".
Submissão completa do homem	"Tu, que foi tão valente, / Chorou pra gente, / Pediu piedade".
Indiferença dos agentes dos castigos em relação aos sofrimentos do homem	"E, olha que maldade, / Me deu vontade / De gargalhar".
Crueldade dos castigos impostos ao homem	"E escarrei-te inteira / A tua carniça, / E tinha justiça / Nesse escarrar. / Te rasgamo a carcaça, / Descemo a ripa, / Viramo as tripa, / Comemo os ovo".
Intensidade dramática do sonho	"Foi um sonho medonho, / Desses que, às vezes, / A gente sonha / E baba na fronha / E se urina toda / E quer sufocar", "Foi um sonho medonho, / Desses que, às vezes, / A gente sonha / E baba na fronha / E se urina toda / E já não tem paz".

A descrição das principais figuras semióticas disseminadas no plano do sonho comprova que a figurativização não é esparsa; pelo contrário, há recorrências figurativas que detalham cada um dos temas espalhados na letra da canção.

187

CHICO BUARQUE – A TRANSGRESSÃO EM TRÊS CANÇÕES

Denomina-se *figuração* a instalação pura e simples das figuras semióticas, ou seja, a passagem do tema à figura, e *iconização*, seu revestimento exaustivo com a finalidade de produzir ilusão referencial[44].

Portanto, *Não Sonho Mais* trabalha sobretudo com a iconização que, nesse caso, funciona como uma estratégia argumentativa. Ao explicitar os atores responsáveis pelos castigos, a submissão imposta ao homem e a atrocidade das punições, a mulher produz essa "ilusão referencial" para esmiuçar ao narratário como será a vingança. Esse detalhamento dos castigos, espalhado por mais da metade da letra da canção, amplifica o efeito da ameaça que o sonho representa, fazendo com que o narratário saiba, de modo minucioso, como seria (ou como será) a realização da transgressão.

Essa iconização aponta para os grandes temas envolvidos em *Não Sonho Mais*: a crueldade, a vingança, a indiferença, enfim, a transgressão. As figuras disseminadas pela letra da canção expõem a ideologia que orientou a produção discursiva. *Não Sonho Mais* é um texto, com várias marcas de ironia, em que uma mulher, cansada de sua posição de submissão, vale-se da narrativa de um sonho para persuadir e, ao mesmo tempo, ameaçar o homem. As escolhas lexicais, as projeções da enunciação no enunciado, os pressupostos narrativos e os revestimentos figurativos denotam a insatisfação da mulher em relação à sua situação e, consequentemente, o desejo em modificar sua relação com o homem, vingando-se de tudo aquilo que ele já havia feito.

4. O Plano da Expressão – Ritmo, Arranjo e Função Poética

A regularidade rítmica de *Não Sonho Mais* é patente: ao todo, são dez estrofes de seis versos, com pequena variação silábica. Os

---

44. Diana Luz Pessoa de Barros, *Teoria do Discurso: Fundamentos Semióticos*, p. 117. Cf. nota 53 do capítulo 3.

versos têm entre quatro e seis sílabas poéticas[45], e todas as estrofes apresentam rimas[46]. A combinação entre os versos curtos e as rimas produz constantes repetições que dão unidade sonora aos versos.

Todas as rimas espalhadas pelas dez sextilhas se dão entre palavras paroxítonas; em compensação, cada estrofe termina com uma oxítona ou com um monossílabo tônico que rima com a palavra que encerra a estrofe anterior ou posterior. As oito primeiras estrofes, por exemplo, terminam em –ar ("contar", "sufocar", "pegar", "esfolar", "ar", "gargalhar", "escarrar" e "cantar"), o que também confere regularidade fonética aos versos.

Além disso, alguns versos (como na quarta e na quinta estrofes) apresentam repetições no início de cada unidade sintática, formando anáforas: "*Vinha* nego humilhado, / *Vinha* morto-vivo, / *Vinha* flagelado" e "*Mais* tu ficava, / *Mais* atolava, / *Mais* te sujava" (grifos nossos). As anáforas, no início dos versos, ao lado das rimas, no final deles, asseguram a uniformidade rítmica da canção.

Essas repetições no plano da expressão são perfeitamente compatíveis com a iconização do nível discursivo: a "ilusão referencial" promovida por figuras que revestem os mesmos temas é reforçada pela regularidade musical dos versos. Tomem-se como exemplo os versos citados no parágrafo anterior. As figuras "nego humilhado", "morto-vivo" e "flagelado" representam o mesmo grupo de atores e, além da rima humilh*ado* / flagel*ado*, a anáfora da forma verbal "vinha" reforça, no plano da expressão, o que foi enunciado no plano do conteúdo. Já as figuras "ficava", "atolava"

---

45. O primeiro verso de cada sextilha tem sempre seis sílabas; os demais apresentam cinco ou, principalmente, quatro sílabas.

46. Os esquemas rímicos variam de estrofe para estrofe: a 1ª estrofe, por exemplo, apresenta rimas no esquema abaacd; a 2ª e a 9ª, abccde; a 3ª e a 4ª, abaabc; a 5ª, abbbac; a 6ª, aabbbc; a 7ª, ababbc; a 8ª, abbccd; e a 10ª, abccbd.

CHICO BUARQUE – A TRANSGRESSÃO EM TRÊS CANÇÕES

e "sujava" recobrem todas o tema da incapacidade do homem em fugir dos castigos, de modo que a repetição do "mais" enfatiza, sonoramente, essa incapacidade.

Esse jogo entre expressão e conteúdo em *Não Sonho Mais* permite retomar o conceito de função poética, desenvolvido por Jakobson.

A função poética projeta o princípio de equivalência do eixo de seleção sobre o eixo de combinação. A equivalência é promovida à condição de recurso constitutivo da sequência. Em poesia, uma sílaba é igualada a todas as outras sílabas da mesma sequência [...][47].

Assim, cada palavra da sequência "Mais tu ficava, / Mais atolava, / Mais te sujava" tem o mesmo estatuto no plano da expressão, e esses versos possuem o mesmo número de sílabas poéticas, os acentos colocados nos mesmos lugares, a mesma estrutura sintática, além da rima e da anáfora, o que confirma a regularidade sonora dos versos. Como os verbos usados constituem, como foi apontado, figuras que recobrem o mesmo tema, pode-se dizer que eles têm o mesmo valor semântico e, mais do que isso, que eles pertencem ao mesmo paradigma. Portanto, nesse caso, ocorre um caso curioso de função poética: os termos da sequência não só são considerados equivalentes do ponto de vista da expressão, como também esses termos, por pertencerem ao mesmo paradigma, são equivalentes do ponto de vista do plano do conteúdo.

Os versos "Te rasgamo a carcaça, / Descemo a ripa, / Viramo as tripa, / Comemo os ovo" também fazem esse uso da função poética: as formas verbais "rasgamo", "descemo", "viramo" e "comemo", além de rimarem alternadamente, possuem a mesma tonicidade e o mesmo número de sílabas. Portanto, na perspectiva de Jakobson,

47. Roman Jakobson, *Linguística e Comunicação*, p. 130.

essas formas verbais projetam o princípio de equivalência do eixo paradigmático sobre o eixo sintagmático. Mas note-se que, também neste exemplo, essas palavras estão no mesmo universo semântico, de maneira que as repetições no plano do conteúdo são perfeitamente compatíveis com essas regularidades do plano da expressão.

O arranjo da canção, de autoria de Francis Hime, corrobora as unidades rítmicas da letra. Com piano, bateria, violão, *ovation*, contrabaixo elétrico, clarinete, duas flautas, seis metais (entre trombones e trompetes) e quatro percussionistas, a canção é conduzida num ritmo acelerado, com todos os instrumentos tocando juntos quase todo tempo.

A introdução instrumental destaca as flautas, que apresentam uma linha melódica entrecortada pelos metais. Quando entra a voz, as flautas desaparecem e os metais acompanham a letra da canção nas duas primeiras estrofes. Nas duas estrofes seguintes, os metais é que desaparecem e as flautas vêm para primeiro plano. Na quinta e sexta estrofes, voltam os metais; na sétima e oitava, reaparecem as flautas; e nas duas últimas, os metais retornam. Repete-se então a introdução, e a canção é cantada uma segunda vez. Essa segunda execução é exatamente igual à primeira. A melodia da introdução é mais uma vez repetida, agora com pequenas variações, e a canção termina.

Essa divisão do arranjo em dois blocos – o que valoriza os metais (1ª, 2ª, 5ª, 6ª, 9ª e 10ª estrofes) e o que valoriza as flautas (3ª, 4ª, 7ª e 8ª estrofes) – contribui para o efeito de regularidade, que, por sua vez, combina com o rítmo dos versos. Além disso, vale a pena destacar a riqueza da percussão da canção: nas quatro estrofes cantadas com o acompanhamento das flautas, há um som sincopado que imita, como uma espécie de onomatopeia, o barulho de um chicote. Esse barulho aparece exatamente em

CHICO BUARQUE – A TRANSGRESSÃO EM TRÊS CANÇÕES

quatro das seis estrofes em que a mulher narra o sonho ao homem, reforçando (mais uma vez por meio do pano da expressão) a intensidade dos castigos.

Em relação à introdução instrumental da canção, que é praticamente repetida entre as duas ocorrências da letra e no final da música, a combinação entre a flauta e os metais parece imitar o barulho de trem, "como a indicar que o trem no qual viajara a caravana vingadora – após a missão cumprida – estivesse de partida"[48].

Essas chicotadas estilizadas, a imitação do som do trem e o uso da função poética são marcas de regularidade no plano da expressão, perfeitamente ajustadas com as certezas "transgressoras" da mulher. Essa compatibilidade entre expressão e conteúdo mostra que *Não Sonho Mais* tem características típicas dos sistemas semissimbólicos. Nestes, "cabe à expressão concretizar sensorialmente as abstrações temáticas do conteúdo, instaurando, assim, um *novo saber* sobre o mundo"[49].

5. *Samba de Uma Nota Só*[50] – a Previsibilidade Melódica

Se a letra de *Não Sonho Mais* originou complexos problemas enunciativos para a análise, o mesmo não se pode dizer da melodia, cujo traço mais notável é o da previsibilidade.

Nos níveis mais abstratos do percurso gerativo de sentido, propôs-se que sonho e realidade formavam dois grupos, cuja relação era marcada pela descontinuidade. No entanto, na sequência da análise, percebemos que a <parada> sugerida como início do pro-

---

48. Gilberto de Carvalho, *Chico Buarque: Análise Poético-musical*, p. 90.
49. Diana Luz Pessoa de Barros, *Teoria do Discurso: Fundamentos Semióticos*, p. 154.
50. Célebre canção de Tom Jobim e Newton Mendonça, composta em 1960 e gravada, no mesmo ano, pelo Conjunto Farroupilha e, meses depois, por João Gilberto.

cesso de transgressão não se realiza completamente. Na realidade, é mais interessante tomar a canção como uma <continuidade>, pois os desejos de vingança estão de tal modo enraizados que os valores emissivos se sobressaem: o que importa é o /fazer/, a ação, a *performance*. Com efeito, a transgressão está, normalmente, mais ligada à <parada> do que à <continuidade>, porém a letra da canção não trata de uma transgressão realizada, mas sim virtualizada, e dentro do território da virtualização, representado pelo sonho, há mais continuidades do que descontinuidades, há mais valores emissivos (como a própria ação de castigar) do que remissivos.

Pensando assim, não é estranho que a melodia de *Não Sonho Mais* demonstre previsibilidades. Pelo contrário.

Sinteticamente, pode-se dizer que há basicamente duas grandes linhas melódicas que recobrem as estrofes da canção: uma linha está ligada aos metais do arranjo (1ª, 2ª, 5ª, 6ª, 9ª e 10ª estrofes); a outra, às flautas (3ª, 4ª, 7ª e 8ª estrofes). Portanto, a regularidade do arranjo e do plano da expressão da letra se estende também para a melodia.

A primeira das linhas melódicas da canção se inicia como um verdadeiro "samba de uma nota só":

Figura 1

Hoje eu sonhei contigo tanta

CHICO BUARQUE – A TRANSGRESSÃO EM TRÊS CANÇÕES

Figura 2

Foi um sonho medonho desses	

As Figuras 1 e 2, que representam as duas primeiras estrofes da canção, mostram que o começo da primeira linha melódica de *Não Sonho Mais* não apresenta nenhuma variação. Logo após essas repetições iniciais, essa linha melódica começa a apresentar mudanças de registro na tessitura:

Figura 3

Hoje eu sonhei contigo tanta	go tanto
des	cas
di	ti
ta amor nem te di	go que eu ta

Depois das repetições iniciais, vem uma pequena gradação descendente, um salto de sete semitons em direção ao ponto de

194

NÃO SONHO MAIS

partida da melodia; em seguida, uma nova gradação descendente. Como não há uma larga ocupação da tessitura, ocorre a valorização do pulso e da reiteração, o que aproxima a melodia desta canção do processo de *tematização*.

Na tematização, é comum a formação de motivos melódicos que, ao se repetirem, traduzem a <continuidade>. As pequenas gradações (Figuras 4, 5 e 6), que aparecem inúmeras vezes na canção, funcionam como motivos que comprovam a previsibilidade melódica da canção.

Figura 4

Desses	
que às	
ve	
zes	

Figura 5

Mais tu	
fi	
ca	
va	

CHICO BUARQUE – A TRANSGRESSÃO EM TRÊS CANÇÕES

Figura 6

Caí			
	da		
		ca	
	ma		

Considerando que a *tematização* melódica é um recurso muitas vezes empregado com a finalidade de celebrar valores universais[51], pode-se inferir que as canções temáticas são mais propícias a tratar da continuidade, da identidade e dos movimentos conjuntos. No entanto, a sequência dessa primeira linha melódica de *Não Sonho Mais* se encerra com uma surpresa.

---

51. Cf. Luiz Tatit, *O Cancionista – Composição de Canções no Brasil*, p. 23 (já citado no item 5 do capítulo 4).

NÃO SONHO MAIS

Figura 7

ta de te	
Cas	
ti	contar
go que eu ta	
va afli	

A Figura 7 é uma continuação da Figura 3: depois da reiteração do mesmo motivo, ocorre um salto intervalar de uma oitava em direção ao registro agudo. Entretanto, como a canção é acelerada, esse salto praticamente não é notado. Com efeito, em *Não Sonho Mais*, devido à diminuição dos alongamentos vocálicos, valoriza-se o *ataque-acentuação*[52], "que define um tipo de articulação melódica marcada e sem maiores alongamentos. As canções portadoras desta aceleração intensa dinamizam seus ataques (consonantais) e seus acentos rítmicos"[53].

52. Esses ataques são a forma intensa da aceleração melódica.
53. Luiz Tatit, *Semiótica da Canção*, p. 97.

Como essa primeira linha melódica da canção é reiterada inúmeras vezes, pode-se dizer que, na forma intensa, tem-se a tematização e, na forma extensa, tem-se o refrão[54].

A segunda linha melódica da canção, que é repetida quatro vezes com diferenças mínimas, apresenta marcas mais fortes de tematização do que a primeira linha melódica.

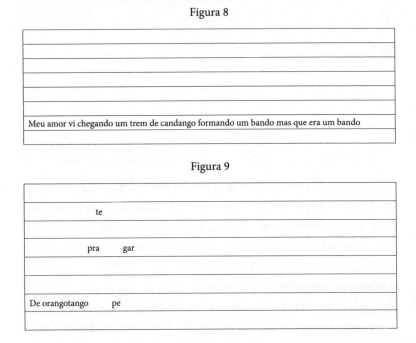

Figura 8

Meu amor vi chegando um trem de candango formando um bando mas que era um bando	

Figura 9

Quase todo percurso melódico está sobre a mesma nota: apenas na Figura 9 (que é uma continuação da Figura 8) aparece alguma variação. Essa linha recobre a terceira e a sétima estrofes; na quarta e na oitava estrofes, há uma pequena alteração no final da linha melódica:

54. *Idem*, p. 77.

NÃO SONHO MAIS

Figura 10

vo pra te es
Vinha flagelado de tudo que é lado vinha um bom moti
folar

No entanto, essa alteração não compromete a ideia de que a tematização também está presente nessa segunda linha melódica. Na verdade, a segunda linha melódica é um desdobramento da primeira e, na forma extensa, pode ser classificada como uma segunda parte. Portanto, a primeira linha melódica é marcada pela involução; e a segunda, pela evolução[55].

Por fim, pode-se retomar que a repetição do vocativo "amor", os dêiticos e expressões como "olha que maldade" são elementos que conduzem o ouvinte (ou, semioticamente, o enunciatário) para um processo de *figurativização* melódica[56].

Assim, a *figurativização* é, novamente, uma espécie de macroembreagem que chama atenção para o *ego-hic-nunc* da enunciação. Eis o CORPO[57], que sofre as paixões da narrativa, vindo para o primeiro plano.

---

55. *Idem, ibidem.*
56. Cf. Luiz Tatit, *O Cancionista – Composição de Canções no Brasil*, p. 21 (já citado no item 5 do capítulo 4).
57. Cf. nota 20 do capítulo 4.

CHICO BUARQUE – A TRANSGRESSÃO EM TRÊS CANÇÕES

6. Música e Cinema – a Vingança Realizada

Desde a primeira vez que recebeu crédito num filme, em 1967, até o presente momento, não se pode dizer que não seja intensa a relação de Chico Buarque de Hollanda com o cinema. Como músico, compositor, cantor e autor de trilha sonora, foram, até hoje, vinte e cinco participações em filmes; como escritor foram sete; e finalmente como ator também sete, o que perfaz um total de trinta e nove participações em trinta e sete anos[58].

Com argumento de Glauber Rocha, Eduardo Coutinho, Vinicius de Moraes e Leon Hirszman, que também dirige o filme, *Garota de Ipanema* (1967) tinha um elenco ilustre: João Saldanha, Arnaldo Jabor, Nara Leão, Pixinguinha, Dori Caymmi, Ronnie Von, Ziraldo, além do próprio Chico Buarque, que compôs a canção *Um Chorinho* especialmente para o filme, que também aproveitou em sua trilha sonora *Noites dos Mascarados*, canção de 1966.

A partir dessa estreia com *Garota de Ipanema*, podemos dizer que a ligação entre o cinema e o cancioneiro de Chico Buarque se deu basicamente de duas maneiras ao longo do tempo: algumas canções foram compostas especialmente para os filmes, enquanto outras – que não foram feitas sob encomenda – acabarem sendo aproveitadas nas trilhas sonoras. Aliás, o mesmo fenômeno aconteceu com o teatro.

Quando o Carnaval Chegar (1972), de Cacá Diegues, *Vai Trabalhar Vagabundo* (1973), de Hugo Carvana, *Dona Flor e Seus Dois Maridos* (1976), de Bruno Barreto, *Bye Bye, Brasil* (1979), também de Cacá Diegues (1979), *Os Saltimbancos Trapalhões* (1981), de J. B. Tanko (1981), *Para Viver um Grande Amor* (1983), de Miguel Faria Jr., *Ópera do Malandro* (1985), de Ruy Guerra, e *A Ostra e o Vento* (1995), de Walter Lima Jr., são exemplos de

---

58. João Batista de Brito, "Chico Buarque no Cinema", *Chico Buarque do Brasil*, p. 251.

200

NÃO SONHO MAIS

alguns filmes para os quais Chico Buarque contribuiu musicalmente. Em 1979, ele

[...] compõe para *República dos Assassinos*, de Miguel Faria Jr., filme que,
com Tarcísio Meira, Sandra Bréa e Anselmo Vasconcelos, desenvolve, a partir do
verídico Esquadrão da Morte, uma estória ficcional sobre pessoas de profissões
as mais diversas, de alguma forma envolvidas com a chacina de bandidos[59].

Baseado no romance homônimo de Aguinaldo Silva, que assina
o roteiro do filme com Miguel Faria Jr., *República dos Assassinos*
narra a história de Mateus Romeiro – personagem de Tarcísio Meira –, o principal integrante de um grupo de extermínio chamado
de "Homens de Aço", que conta com o apoio da imprensa e das
forças de segurança pública do Rio de Janeiro. O nome dado ao
grupo parece ser uma referência aos "Doze Homens de Ouro"[60] da
polícia carioca, espécie de embrião do famoso Esquadrão da Morte.

De maneira simplificada, o filme se equilibra entre dois
grandes temas: a violência das ações de Mateus e suas relações
amorosas. Mas esses temas se misturam a todo tempo, e os
relacionamentos afetivos do protagonista são marcados pela
brutalidade e pela intolerância.

Mateus se envolve com três pessoas ao longo do filme: Marlene (Sandra Bréa), Regina (Sylvia Bandeira) e Eloína (Anselmo
Vasconcelos). Duas delas são, de alguma forma, apresentadas por
meio de canções.

---

59. *Idem*, p. 254.
60. Em 1964, o detetive Milton Le Cocq d'Oliveira foi assassinado no Rio de Janeiro,
dando origem à *Scuderie Detetive Le Cocq* ou *Esquadrão Le Cocq*, uma organização
não oficial que foi criada para vingar a morte do detetive e que atuou até a década
de 1980. Seus líderes eram os "Doze Homens de Ouro" (um para cada casa do
zodíaco), policiais escolhidos diretamente pelo general Luiz França de Oliveira, que
foi Secretário de Segurança Pública do Rio de Janeiro entre 1968 e 1971.

CHICO BUARQUE – A TRANSGRESSÃO EM TRÊS CANÇÕES

Marlene era uma atriz que, após se envolver com Mateus, vê dificuldades em encontrar novos trabalhos. Depois de engravidar e ser abandonada por ele, que a troca por Regina, filha do dono do jornal mais importante da cidade, ela adere a uma seita ultraconservadora. Num *flashback*, o filme apresenta Marlene cantando *Sob Medida*[61], canção que – no contexto do filme, assim como *Não Sonho Mais* – é dirigida à personagem de Tarcísio Meira.

Na primeira estrofe da canção, que tem eu lírico feminino, o narrador estabelece uma relação de identificação[62] com o narratário, apresentando-se como "sua alma gêmea". Pensando no modelo das relações sexuais da sociedade francesa[63], parece que estamos diante de relações prescritas socialmente, desejadas individualmente e proveitosas economicamente, numa estrutura equilibrada. Acontece que os versos finais da primeira estrofe quebram a expectativa gerada, desencadeando a isotopia da transgressão.

Ao dizer que não presta, o narrador não só assume uma característica não valorizada pela convenção social, como também atribui ao narratário esse traço de comportamento. O que poderia ser uma sanção negativa às atitudes do homem se torna quase um elogio, na medida em que a mulher afirma ser "igualzinha" a ele.

O restante do texto confirma os traços transgressores dessa relação amorosa, afinal a mulher se define como "traiçoeira e vulgar", como "sem nome e sem lar", como "filha da rua", como "bandida",

---

61. A letra da canção está disponível em < https://www.chicobuarque.com.br/obra/cancao/256> e em Buarque, *Tantas Palavras*, p. 295. No filme, Sandra Bréa canta o verso "Seu jeito, seu gesto" na primeira estrofe. Depois, nas gravações que o próprio Chico fez da canção, a partir de 1999, ele foi substituído por "Eu sou seu incesto".

62. "O sentido de igualdade entre os dois, referido na primeira estrofe e que justifica o título, reitera-se nos dois últimos versos ("Você tem o amor / Que merece") (Fontes, *Sem Fantasia: Masculino-Feminino em Chico Buarque*, p. 55).

63. Algirdas Julien Greimas, *Du Sens*, pp. 135-155.

NÃO SONHO MAIS

como "solta na vida" e, por extensão, todas essas características passam também a designar o homem. Aliás, a referência bíblica presente em "Eu sou cria da sua / Costela" acaba por sugerir que o narratário é a origem desse tipo de comportamento. Dessa forma, resta a ele se ajeitar com a mulher e agradecer, pois esse é o amor que ele merece.

Num primeiro nível de análise, parece que a canção simplesmente projeta a euforia sobre a relação transgressora. Mas, ao sugerir que o narratário não tem outra opção que não aceitar aquele amor – que seria o máximo que ele merece –, o narrador acaba adotando uma postura de resignação, o que torna disfórica (ou, ao menos, não eufórica) aquela relação.

Desse modo, em *República dos Assassinos*, Mateus vai sendo discursivizado como um ator cujas relações afetivas não estarão na dêixis da cultura social. Por isso, não é surpreendente seu envolvimento com a travesti Eloína.

Logo no começo do filme, acompanhamos a história dela, que vivia um romance com Carlinhos, personagem de Tonico Pereira. Eles sobreviviam de pequenos golpes, até que Carlinhos se envolve com crimes maiores, como contrabando e tráfico de drogas, sob o comando dos "Homens de Aço". Numa queima de arquivo, Carlinhos é brutalmente assassinado por Mateus Romeiro.

A canção *Não Sonho Mais* é apresentada, durante o filme, com diversos arranjos e andamentos, a princípio de maneira instrumental. A primeira vez que ela é cantada – numa cena muito semelhante à de Marlene com *Sob Medida* – ocorre na parte final do filme, quando Eloína a interpreta numa casa noturna. A gravação da música é de Elba Ramalho[64], com dublagem da personagem de Anselmo

---

64. Nessa versão, há dois versos diferentes da versão de Chico Buarque do LP VIDA: "Vinha flagelado" é "Vinha mutilado" e "Mais te sujava" é "Mais te borrava".

203

CHICO BUARQUE – A TRANSGRESSÃO EM TRÊS CANÇÕES

Vasconcelos. Logo após essa interpretação, há uma cena tórrida e agressiva de sexo entre Mateus e Eloína.

Na última cena de *República dos Assassinos*, após os excessos dos "Homens de Aço" virem à tona, os policiais próximos a Mateus organizam sua fuga, apesar de não terem grande apreço por ele.

Após tudo arrumado, Mateus embarca para fugir e encontra Eloína no barco e dela desdenha, chamando de "viado", em tom de deboche e desprezo. Então Eloína, entre *flashbacks* de Carlinhos, atira contra Mateus que cai na água e morre. Eloína, que se intitulou escabrosa, finaliza a escabrosa história do filme, feliz por haver vingado seu parceiro[65].

Nessa cena, há uma referência sutil à ditadura brasileira: numa placa de madeira, no cais em que está o barco em que Mateus fugirá, está escrito: "Ministério da Marinha" e "não mexa". Trata-se de uma sugestão sutil da proximidade entre o aparato de repressão política e as forças policiais estaduais[66].

De modo geral, o que se percebe é que aquele movimento todo referente à fuga de Mateus estava ocorrendo em ambiente controlado por aquela força. É a mensagem do filme. Logo, a presença de Eloína ali não é obra do acaso, mesmo porque há uma cena anterior na qual ela se arruma, de batom e vestido vermelhos – cores da sedução, do amor e também da violência – para encontrar Mateus. Portanto, ela não somente estava ali de caso pensado, como se preparou para tal. Sabemos que Eloína não seria capaz de se pôr sozinha naquela situação, em uma operação dos Homens de Aço e em um ambiente controlado por uma força maior que eles. Daí a clareza da traição armada contra Mateus[67].

---

65. Eduardo Marcelo Rocha, *República dos Assassinos: o Esquadrão da Morte Carioca no Cinema*, p. 123.
66. *Idem*, p. 145.
67. *Idem*, p. 146.

NÃO SONHO MAIS

Depois dos três tiros que matam Mateus, ao som de uma versão instrumental lenta de *Não Sonho Mais*, Eloína segue sozinha no barco, e a canção, com andamento habitual, cantada por Elba Ramalho e por Chico Buarque[68], vem para o primeiro plano.

A música é uma síntese das trajetórias de Eloína e Marlene e da submissão de ambas à violência de Mateus. Marlene, após abandonada, entra para uma igreja evangélica, enquanto Eloína [...] consolidará a vingança de morte contra Mateus[69].

A análise isolada de *Não Sonho Mais* levou à conclusão de que a vingança só se dava no plano do sonho. Por isso, a transgressão permanecia virtualizada. No contexto de *República dos Assassinos*, a canção é profética e a vingança se concretiza, com Eloína representando, sinedoquicamente, os orangotangos, os humilhados, os mortos-vivos, os flagelados, os mutilados, os barões famintos, os napoleões retintos, os pigmeus do bulevar...

---

68. Nessa segunda versão, o verso "Vinha flagelado" já é usado, enquanto "Mais te borrava" se mantém. A primeira gravação em disco de Elba Ramalho, no LP AVE DE PRATA, de 1979, trazia a letra desse modo. Em SOLAR, de 1999, ela gravou a canção com Chico, com a mesma letra de VIDA.
69. *Idem*, p. 148.

6. À Guisa de Conclusão

1. Disseminação e Recolha

Após propor uma (re)definição do conceito de transgressão a partir das sugestões de Greimas e Rastier e analisar três canções em que o transgressor era o protagonista da narrativa, é possível fazer uma recolha das principais ideias apresentadas. Em primeiro lugar, precisamos reconhecer que há várias maneiras de entender a noção de transgressão. Partindo sempre da tese de que transgredir é desejar algo que a sociedade não aceita, é possível definir a transgressão de uma perspectiva fórica, tensivo-temporal, narrativo-modal, passional e social.

Na perspectiva fórica, a transgressão é a projeção da euforia sobre uma prática social interdita ou não prescrita. Essa projeção pode ser compartilhada pelo enunciador ou não. Se o transgressor e o enunciador operarem com os mesmos valores, o texto acaba transmitindo uma visão de mundo favorável à transgressão. Se eles não trabalham com os mesmos valores, o texto condena a transgressão e – como a enunciação tem sua dimensão narrativa – o enunciador torna-se, nesse caso, um destinador-julgador que sanciona negativamente o percurso do transgressor.

Na perspectiva tensivo-temporal (que é quase uma extensão da perspectiva fórica), a transgressão é originada sempre por uma descontinuidade. Deve haver uma <parada>, uma ruptura, para que se instale a transgressão. Como dissemos, essa <parada> é o marco incoativo do movimento, é ela que rege, inicialmente, o percurso do transgressor. Se tentamos encontrar as compatibilidades entre o quadrado semiótico da parada (estruturado em *parada* e *continuidade*) e o da tensão (estruturado em *tensão* e *relaxamento* ou em *retenção* e *eutensão*), percebemos que a <parada> estabelece uma relação de complementaridade e de conformidade com os termos da dêixis da "tensão" (*retenção* e *contenção*), o que equivale a dizer que a transgressão, num primeiro momento, sempre sugere uma estrutura caracterizada pela *tensão*, e não pelo *relaxamento*.

Na perspectiva narrativo-modal, a transgressão pode ser enquadrada numa sequência narrativa canônica, sendo que é no estágio da manipulação que se percebem os constituintes fundamentais da transgressão. Se transgredir é desejar o que a sociedade não aceita, o transgressor está modalizado por um /querer/, originado pelos valores individuais, e por um /dever/, nascido das imposições sociais. Daí que a transgressão possa ser entendida como um conflito de manipulações. São essas duas modalidades básicas que vão começar a determinar se a transgressão será virtualizada (que ocorre quando o transgressor não chega à fase da *performance*) ou realizada (que ocorre quando o transgressor atinge o estado conjuntivo). Esse conflito de manipulações é uma retomada, no nível narrativo, da <parada> do nível fundamental.

À GUISA DE CONCLUSÃO

Na perspectiva passional, pode-se abordar a intensidade da manifestação e da disposição das paixões do transgressor. A modalidade a partir da qual se estruturam essas paixões é quase sempre o /querer/; por esse motivo, o mais importante, no caso da transgressão, não é determinar qual é a modalização dominante, mas sim como ela se realiza textualmente. Quando a transgressão é virtualizada, é mais provável que a manifestação seja episódica e a disposição passional, passageira; quando ela é realizada, a manifestação é mais comumente durável e a disposição, permanente. Assim, o que interessa, na perspectiva passional, é estabelecer as particularidades de cada configuração discursiva da transgressão.

Na perspectiva social, incorporando alguns dos postulados teóricos da Sociossemiótica, especialmente da obra de Landowski, é possível analisar as relações entre o transgressor e o grupo social dominante. Mais do que reconhecer que a transgressão muitas vezes gera um movimento de *segregação*, interessa mostrar que essa segregação inicial pode, com o tempo, tornar-se *admissão* e, posteriormente, até mesmo *assimilação*. Assim, é como se o choque entre os valores do transgressor e do *status quo* gerasse, a médio prazo, a possibilidade de que a sociedade revisse a validade de suas prescrições e interdições. Por isso, analisar a transgressão não deixa de ser uma maneira de contribuir para compreender como se dão, efetivamente, as relações entre o indivíduo e a sociedade.

Todas essas perspectivas de abordagem teórica da transgressão convergem para os mesmos pontos. Não há discrepância entre elas. Na verdade, o que há é uma grande relação de complementaridade, o que mostra que todos os níveis de análise propostos pela Semiótica são úteis para tratar do problema da transgressão. Em relação ao nível discursivo, seria impossível procurar estabelecer – *a priori* – quais seriam as manifestações concretas da transgressão.

CHICO BUARQUE – A TRANSGRESSÃO EM TRÊS CANÇÕES

Cada texto discursiviza, de uma maneira particular, o percurso do transgressor. As invariantes da transgressão estão, sobretudo, nos níveis mais abstratos. Por isso, após fazer um inventário das características da transgressão, cabe estudar quais seriam as possibilidades de discursivizá-la – e isso só pode ser feito por meio da análise de textos que apresentem o tema da transgressão, como fizemos nos capítulos 3, 4 e 5.

Embora tenhamos proposto a existência de quatro tipos de transgressão[1], levando em consideração sobretudo aspectos narrativos, isso não significa que nossa primeira tarefa seja simplesmente a de classificar o tipo de transgressão que o texto manifesta. Na verdade, esse princípio classificatório tem a função de organizar o estudo do percurso do transgressor e criar categorias amplas a partir das quais podemos iniciar a análise desse percurso. É claro que um determinado texto pode, eventualmente, encaixar-se perfeitamente numa das quatro categorias propostas, tornando-se, assim, um exemplo prototípico de um dos tipos de transgressão. Mas também pode acontecer de um texto misturar características de dois ou mais tipos de transgressão. E ainda há, é claro, a hipótese de existirem textos que tematizam a transgressão de um modo não previsto por este trabalho.

2. Transgressão e Canção Popular

Os três capítulos de análise das canções mostraram que cada texto apresenta um revestimento discursivo diferente para a transgressão. De fato, depois de determinar os elementos comuns a todas as ações de transgressão, é indispensável analisar algumas de suas manifestações concretas.

---

1. Cf. itens 3 e 4 do capítulo 2.

À GUISA DE CONCLUSÃO

Quaisquer manifestações textuais da transgressão poderiam ser estudadas, do discurso moralizante da direita cristã estadunidense a respeito da união civil igualitária aos textos panfletários da juventude socialista brasileira a respeito da globalização econômica. Ainda poderiam ser considerados textos jornalísticos, publicitários, literários, entre tantos outros. Apesar disso, optou-se pelas canções populares, o que acaba tornando mais complicada a análise semiótica, já que as dificuldades inerentes à análise das canções se somam às dificuldades de análise da própria transgressão. No entanto, como já dissemos no capítulo 1, nosso objetivo era, ao mesmo tempo, redefinir o conceito de transgressão e abordar criticamente algumas questões teóricas ligadas à Semiótica da canção. Por isso, analisar canções populares cujo tema é a transgressão se fez necessário, pois era a única maneira de congregar esses dois objetivos. É evidente, porém, que essa escolha pressupõe riscos: e o principal deles seria o de não cumprir satisfatoriamente nenhum dos dois objetivos.

Em relação à transgressão, como apontamos no item anterior, o mais importante era delimitar quais eram seus constituintes fundamentais, ampliando, assim, o alcance desse conceito. Em relação à canção, nossa intenção era aplicar o modelo semiótico de análise de canções desenvolvido por Tatit e, com isso, ajudar a desenvolver esse modelo. No entanto, é inegável que ainda há muito a fazer nesses dois campos, principalmente no que se refere à canção.

É notório que a canção popular possui duas dimensões básicas que precisam ser analisadas: a da letra e a da melodia. Em relação à letra, existem todas as conquistas do percurso gerativo de sentido, além da certeza de que o aparelho formal da enunciação para os textos verbais já está bem desenvolvido epistemologicamente. Por esse motivo, a análise exclusiva da letra não origina, num primeiro momento, grandes dificuldades. No entanto, a letra não existe sem

CHICO BUARQUE – A TRANSGRESSÃO EM TRÊS CANÇÕES

a melodia, e a análise de uma canção que dispensasse os elementos melódicos poderia, muitas vezes, pecar pela insuficiência. Por isso, em cada canção, analisamos – ainda que rapidamente – os principais elementos do plano da melodia. Ao fazer isso, dois cuidados devem sempre ser tomados: em primeiro lugar, não podemos considerar a melodia como algo que existe independentemente da letra, como se se tratasse de dois planos paralelos de análise; em segundo, não podemos ficar procurando as correspondências imediatas entre a letra e a melodia, como se a canção popular configurasse um sistema simbólico em que cada parte da letra tivesse conformidade com a parte da melodia correspondente. Na verdade, o mais importante é perceber que, no âmbito da canção, o universo passional da letra pode ser intensificado pelo plano da melodia, sem que, para isso, deva existir uma correspondência termo a termo.

Além do problema da melodia, a canção popular nos posiciona diante de uma outra questão controversa, que é a da *literariedade*. Ao reconhecer a importância da canção no cenário cultural brasileiro do último século, acabamos – ainda que de maneira intuitiva – incluindo as canções num grupo a que só pertenciam os textos considerados literários. Desse modo, entramos na zona de conflito entre a Linguística e as Teorias da Literatura. No último item do capítulo 4, ao tratar do conceito de contexto, já insinuamos que nem sempre linguistas e estudiosos da Literatura abordam o texto literário da mesma maneira. Não cabe aqui – repita-se – enumerar ou justificar essas divergências analíticas, mas sim reconhecer que estudar textos de natureza literária é perfeitamente possível dentro de uma perspectiva linguística. Essa observação é importante porque muitos linguistas se afastam da Literatura com medo de entrar em um território que aparentemente não lhes pertence. Para

À GUISA DE CONCLUSÃO

mostrar como essa postura sempre foi equivocada, basta lembrar que, em 1960, Jakobson já dizia:

[...] compreendemos definitivamente que um linguista surdo à função poética da linguagem e um especialista da literatura indiferente aos problemas linguísticos e ignorante dos métodos linguísticos são, um e outro, flagrantes anacronismos[2].

Em 1972, quando, sob a organização de Greimas, foi publicado o volume *Ensaios de Semiótica Poética*, dava-se mais um passo para tentar encerrar a polêmica entre Linguística e Teoria Literária. Nessa obra, Greimas já mostrava que a própria dificuldade de determinar o que é literário e o que não é[3] abre caminhos para novas hipóteses de leitura dos textos da Literatura (e a Linguística, como um todo, e a Semiótica, mais especificamente, poderiam contribuir para propor algumas dessas novas hipóteses).

De qualquer modo, tanto os linguistas quanto os especialistas da Literatura sempre reconheceram que a análise dos textos literários – independentemente da noção de *literariedade* ser controversa – sempre partiu das correspondências entre o plano da expressão e o do conteúdo. Por mais ampla que seja essa ideia, é possível extrair dela algumas implicações relevantes para essa discussão. Greimas dizia que uma Semiótica poética, ao admitir

2. Roman Jakobson, *Linguística e Comunicação*, p. 162.
3. Para Algirdas Julien Greimas, "o conceito de 'literariedade' [...] é facilmente interpretado como uma conotação sociocultural, variável segundo o tempo e o espaço humanos. Mesmo aceitando o relativismo cultural e encerrando-nos voluntariamente no europeu-centrismo lúcido de nossa tipologia conotativa dos objetos culturais, é-nos difícil escolher critérios suficientemente gerais que permitissem subsumir, sob uma denominação comum, a chamada poesia clássica, susceptível de ser identificada com a versificação, e a concepção romântica e pós-romântica da poeticidade, que é essencialmente a dos conteúdos" (Algirdas Julien Greimas, *Ensaios de Semiótica Poética*, p. 11).

CHICO BUARQUE – A TRANSGRESSÃO EM TRÊS CANÇÕES

[...] que o discurso poético é na realidade um *discurso duplo* que projeta as suas articulações simultaneamente nos dois planos – no da expressão e no do conteúdo – ela deverá elaborar um aparato conceitual susceptível de fundamentar e de justificar os processos de reconhecimento das articulações desses dois discursos[4].

Assim, o plano do conteúdo e o plano da expressão passam a ter praticamente o mesmo estatuto, o que nos obriga, na análise semiótica, a articular o percurso gerativo de sentido, que corresponde ao plano do conteúdo, ao nível da manifestação, que está associado ao plano da expressão. Voltando então ao problema da canção popular e acolhendo a tese de que ela pode ser considerada como um elemento do universo literário, podemos dizer que há quatro categorias do plano da expressão que precisam ser consideradas.

A primeira delas ainda está ligada ao plano da letra. Se deixarmos momentaneamente a melodia de lado, perceberemos que é perfeitamente possível analisar a substância da expressão da letra da canção, como se a canção fosse apenas um texto verbal. Nesse caso, interessariam as questões fonéticas e prosódicas, a metrificação, a estrofação, o esquema rímico, as harmonias imitativas, as onomatopeias e demais figuras de linguagem ligadas a aspectos sonoros, como a aliteração e a assonância. No entanto, tudo isso ainda não poderia ser considerado como um problema da Semiótica da canção, já que esses elementos do plano da expressão podem aparecer em quaisquer outros textos literários.

A segunda delas associa-se ao plano da melodia. De maneira simplificada, podemos dizer que, assim como todo conteúdo só pode ser veiculado por um plano da expressão[5], toda letra só pode

---

4. *Idem*, p. 12.
5. Já que, como apontou Hjelmslev, "o signo é uma entidade gerada pela conexão entre uma expressão e um conteúdo" (Louis Hjelmslev, *Prolegómenos a una Teoría del Lenguaje*, p. 73).

À GUISA DE CONCLUSÃO

ser veiculada por uma melodia[6]. Portanto, se a letra de uma canção pode ser associada ao plano do conteúdo, sua melodia pode – com algumas reservas – aproximar-se do plano da expressão. Analisar uma melodia é, pois, reconhecer que as articulações do discurso da canção se projetam igualmente sobre o plano da letra e sobre o plano da melodia. Como já existem modelos de análise suficientes para abordar a letra, resta, cada vez mais, procurar caminhos para a análise melódica. Mais do que isso, é necessário continuar a desenvolver um aparato conceitual para permitir relacionar a letra e a melodia[7].

A terceira categoria é a da harmonia, que pode ser entendida, *grosso modo*, como uma combinação de notas musicais simultâneas, que formam acordes, que, por sua vez, articulam-se para acompanhar a melodia. Quando Tatit analisa o processo de composição de canções populares, ele mostra que, em geral, a letra nasce junto da melodia, e não de um tema previamente determinado.

O conteúdo vai surgindo dos acentos e das divisões melódicas em forma de palavras isoladas, frases desconexas, rimas puras, tudo isso conduzido por uma ordenação sonora, geralmente apoiada em acordes instrumentais[8].

Portanto, quando o cancionista compõe ao piano ou ao violão – o que é bastante comum –, letra, melodia e harmonia vão despontando ao mesmo tempo, pois o

[...] artista sente que alguma coisa começa a se configurar quando encontra um segmento melódico com potencialidade para gerar outros motivos de mesma natureza, dentro de uma base harmônica e rítmica assegurada pelo instrumento[9].

6. Caso contrário, não se trataria de uma letra de canção.
7. Os trabalhos de Tatit têm sido responsáveis por grandes avanços nessa direção.
8. Luiz Tatit, *Todos Entoam: Ensaios, Conversas e Canções*, p. 139.
9. *Idem*, p. 140.

CHICO BUARQUE – A TRANSGRESSÃO EM TRÊS CANÇÕES

A quarta categoria do plano da expressão consiste na questão do arranjo[10]. Esse arranjo acaba englobando as questões harmônicas, mas vai além, pois envolve também a quantidade e o tipo dos instrumentos usados na execução da canção. O problema do timbre dos instrumentos, por exemplo, pode ser estudado a esta altura. Embora alguns trabalhos acadêmicos já tenham se debruçado sobre as questões ligadas ao arranjo, ainda não se formalizou – assim como já aconteceu com o plano da melodia – um modelo de análise do arranjo.

De qualquer modo, a complexidade da análise da canção popular advém do fato de que, além da letra, devemos nos preocupar com essas quatro categorias do plano da expressão: o plano da expressão da letra, a melodia, a harmonia e o arranjo. É como se houvesse uma hierarquia entre essas categorias (em que o plano do arranjo seria o mais complexo) e o plano do conteúdo veiculado por cada uma delas fosse a soma do plano do conteúdo e da expressão da categoria imediatamente menos complexa. Esquematicamente, teríamos:

	CONTEÚDO	EXPRESSÃO
Nível de análise 1[11]	Letra da canção (C1)	Plano de expressão da letra (E1)
Nível de análise 2	C1 + E1 (C2)	Plano da melodia (E2)
Nível de análise 3	C2 + E2 (C3)	Plano da harmonia (E3)
Nível de análise 4	C3 + E3 (C4)	Plano do arranjo (E4)

Esse esquema pretende apenas mostrar alguns dos problemas que a canção popular colocou para a Semiótica. Em nosso trabalho, procuramos, ainda que timidamente, abordar três desses níveis de

10. Cf. nota 65 do capítulo 3.
11. Cada um desses níveis de análise estaria associado justamente a uma das categorias do plano da expressão propostas.

À GUISA DE CONCLUSÃO

análise: os níveis 1 e 4 foram contemplados no item 4 de cada um dos capítulos de análise das canções, enquanto o nível 2 ficou para o item 5 desses capítulos. Não tratamos das questões harmônicas. É o caso de verificar, em trabalhos futuros, a pertinência desses níveis, para que a Semiótica da canção continue a desenvolver modelos teóricos que deem conta de explicar satisfatoriamente as particularidades do processo de construção de sentido nas canções populares.

3. MAR E LUA

A análise de cada uma das três canções de Chico Buarque procurou considerar as particularidades das canções populares e dos textos que tematizam a transgressão, almejando, assim, cumprir nossos dois objetivos básicos.

Em relação a *Mar e Lua*, vimos um típico caso de *transgressão realizada*, já que as amantes, a despeito das imposições sociais contrárias aos seus interesses, conseguiram ficar juntas. Trata-se, com efeito, de um caso prototípico da *Transgressão 4*, em que a manipulação pelo /querer/ foi mais eficiente do que a do /dever/ e em que não houve empecilhos, na fase da competência, para o transgressor chegar à *performance*. Além disso, em relação às paixões, o conflito de *Mar e Lua* está próximo ao caráter, o que também é uma característica do quarto tipo de transgressão.

Como a transgressão proposta pelas amantes realizou-se e, mais do que isso, como o enunciador não condenou a relação amorosa, podemos antever a possibilidade de a segregação que costuma caracterizar a postura do grupo social dominante em relação à homossexualidade estar-se tornando admissão, principalmente se lembrarmos que o enunciador – que, em princípio, está mais ligado aos valores institucionalizados do que aos desejos das amantes – não sanciona negativamente o percurso do transgressor.

CHICO BUARQUE – A TRANSGRESSÃO EM TRÊS CANÇÕES

Assim, em *Mar e Lua*, a atitude do enunciador nos permite supor que a sociedade pode passar a admitir um tipo de relação sexual que, durante muito tempo, não foi prescrita.

No entanto, embora o enunciador não condene as amantes, é bem verdade que o revestimento discursivo da letra da canção não explicita que se trata de um texto que tematiza uma relação homossexual. Aliás, as próprias figuras do mar e da lua – que correspondem aos objetos do nível narrativo – são marcadas por uma dose de mistério. É a coerência figurativa do texto que nos obriga a concluir que as amantes são do mesmo sexo e que, ao entrar em conjunção com o mar e a lua, elas atingiram o estágio de realização amorosa. Ao evitar abordar a questão da homossexualidade de uma maneira direta, o enunciador, ao mesmo tempo, livra-se de ser considerado, ele também, um transgressor e poupa as amantes de serem abertamente estigmatizadas na canção.

Em relação ao plano da melodia, é importante ressaltar que, assim como não existe um meio de antever quais são as marcas discursivas dos textos cujo tema é a transgressão, não é possível falar – pelo menos de acordo com a perspectiva que adotamos aqui – em transgressão na melodia. Na realidade, são as particularidades de cada percurso de transgressão que vão originar as alternativas melódicas para a canção. De fato, seria muito simples dizer que as "canções transgressoras", por nascerem de uma <parada>, exigem, por exemplo, melodias *passionais*, mais adequadas para tratar do "sentimento de falta"[12]. Entretanto, não interessa simplesmente apontar se uma melodia se aproxima mais da *tematização* ou da *passionalização*[13], e sim analisar em que medida os elementos melódicos intensificam as tensões presentes na letra.

12. Cf. item 5 do capítulo 3.
13. Conceitos propostos por Luiz Tatit, já apresentados no item 5 dos capítulos 3, 4 e 5.

À GUISA DE CONCLUSÃO

Coincidentemente, no caso de *Mar e Lua*, a melodia da canção é *passional*. Quase todas as seis estrofes repetem a mesma estrutura melódica: um salto intervalar inicial em direção aos registros agudos, seguido de uma descida em graus imediatos. A alternância entre as transposições, ligadas às disjunções, e as gradações, ligadas às conjunções, representa eficientemente a estrutura conflituosa da transgressão. Mas, como o percurso da transgressão se completa na letra da canção e as amantes entram em conjunção com o objeto de valor, poderíamos supor que a melodia contivesse elementos *temáticos*. No entanto, isso não ocorre. Uma explicação possível para esse fato é que, como a transgressão só se consuma na última estrofe da canção, mais precisamente nos dois últimos versos, a maior parte da melodia recobre uma letra que trata do "sentimento de falta", de uma tensão disjuntiva que nasce da dificuldade de realização amorosa, e não da realização da transgressão[14]. Por isso, embora a transgressão se realize, a canção prefere explorar detalhadamente o percurso do transgressor, e essa "preferência" justifica os aspectos *passionais* da melodia de *Mar e Lua*.

4. UMA CANÇÃO DESNATURADA

Uma Canção Desnaturada, diferentemente de *Mar e Lua*, apresenta um transgressor que não consegue atingir a *performance* e, por extensão, não consegue entrar em conjunção com o objeto de valor desejado.

Considerando a tipologia proposta no item 3 do capítulo 2, temos um exemplo de *Transgressão 3*, já que, embora a manipu-

---

14. Que pode, inclusive, se aceitamos a hipótese do suicídio (cf. item 6 do capítulo 3), ter ocorrido num plano fora da realidade tangível.

CHICO BUARQUE – A TRANSGRESSÃO EM TRÊS CANÇÕES

lação pelo /querer/ seja mais eficiente do que a pelo /dever/, o transgressor não está de posse das modalidades da competência necessárias para a realização da transgressão. Aliás, vale a pena fazer um comentário em relação ao sistema classificatório proposto para analisar o percurso da transgressão. Na verdade, a *Transgressão 2* e a *Transgressão 3* apresentam uma estrutura bastante parecida, pois, em ambos os casos, é uma impossibilidade na fase da competência que interrompe a sequência narrativa. Na *Transgressão 2*, há um /não saber fazer/; na *Transgressão 3*, um /não poder fazer/.

Em *Uma Canção Desnaturada*, a mãe, por não conseguir reverter o tempo cronológico para vingar-se da filha e transformar a dedicação materna em negligência, não consegue completar o percurso da transgressão. O que está em jogo, nesse caso, é o /não poder fazer/.

O fato de a canção abordar o problema da vingança e, ao mesmo tempo, ter como tema a transgressão merece uma explicação. A vingança não pressupõe, necessariamente, um percurso de transgressão. É claro que, em tese, a crueldade e o desejo de matar alguém[15], por exemplo, estão no âmbito de um /dever não fazer/ imposto socialmente, mas é perfeitamente possível imaginar uma configuração discursiva em que a vingança esteja no território do /não dever não fazer/ e até mesmo do /dever fazer/. É o que acontece em narrativas que, de certo modo, celebram a vingança, como é o caso de *O Conde de Monte Cristo*, de Alexandre Dumas. Nesse imenso romance, Edmond Dantès, após ser enganado por um falso amigo, vai parar injustamente na temida prisão do Castelo de If. Lá, ele sofre todos os tipos de privações e, após fazer amizade com outro prisioneiro, acaba conseguindo fugir, levando consigo um mapa do tesouro. Ele acha o tesouro, fica muito rico, compra um

---

15. Que são duas decorrências possíveis do sujeito modalizado pela vingança.

À GUISA DE CONCLUSÃO

título de nobreza e torna-se o Conde de Monte Cristo. Um a um, ele vai então perseguindo e matando seus desafetos, todos desonestos, e acaba atingindo o estágio de reequilíbrio patêmico com seus antagonistas. Nessa narrativa, a vingança não parece ter nada de transgressão; ao contrário, a vingança parece ser uma sanção negativa àqueles que, ao se tornarem traidores, desrespeitaram os valores sociais dominantes. Embora a vingança possa sempre ser condenada socialmente, o fato de ela ser feita em nome dos valores institucionalizados mostra que ela possui, em alguns casos, um caráter mais conservador do que transgressor.

Em *Uma Canção Desnaturada*, o que faz o desejo de vingança configurar uma transgressão é o fato de a negligência proposta pela mãe ser marcada por uma dose tão grande de crueldade que nos impede de considerar a validade da vingança. Mais do que isso, a canção não mostra qual foi a atitude da menina que originou esse ímpeto vingativo, o que faz com que as maldades desejadas pelo narrador sejam tomadas como interdições sociais. Por isso, nessa canção, a vingança e a transgressão andam juntas.

O que faz a transgressão de *Uma Canção Desnaturada* ser considerada virtualizada é justamente o /não poder fazer/, o que caracteriza a *Transgressão 3*. Como já dissemos, também é possível que a transgressão não se realize devido a um /não saber fazer/. É o que acontece com a *Transgressão 2*, que se manifesta, por exemplo, em uma outra canção da *Ópera do Malandro*, o *Tango do Covil*[16].

Nessa canção, os capangas de Max estão homenageando Teresinha, um pouco antes do casamento entre os dois. A transgressão da canção reside sobretudo no fato de os capangas fazerem elogios tão diretos à beleza física de Teresinha, o que deixa transparecer

16. A letra da canção está disponível em < https://www.chicobuarque.com.br/obra/cancao/197> e em Chico Buarque, *Tantas Palavras*, p. 273.

CHICO BUARQUE – A TRANSGRESSÃO EM TRÊS CANÇÕES

que eles estão desejando uma mulher comprometida. No entanto essa transgressão nunca vai se realizar, porque eles não estão de posse do /saber fazer/, isto é, eles não são capazes de cantar a beleza da moça de modo que ela realmente possa se interessar por um deles[17]. Assim, embora eles estejam cobiçando a mulher alheia, eles não conseguem roubar a noiva do patrão, e Max e Teresinha acabam se casando.

Tanto *Uma Canção Desnaturada* quanto *Tango do Covil* apresentam transgressões virtualizadas e, nos dois casos, a impossibilidade de o transgressor manter seu percurso nasce na fase da competência. Ele "quer" transgredir, mas ele ou "não pode" ou "não sabe" fazê-lo.

Em relação ao plano melódico de *Uma Canção Desnaturada*, podemos dizer que o início da melodia de cada uma das estrofes contém um princípio de *tematização*. Aliás, indo um pouco mais longe, é possível dizer que a ocupação da tessitura é tão pequena nesse ponto da melodia que os versos iniciais de cada estância se aproximam da fala. Mas, logo depois desses elementos *temáticos*, a canção parte para os saltos intervalares e para as descidas em graus imediatos, que se destacam mais ainda devido ao fato de a canção ser desacelerada. Portanto, embora haja traços de *tematização* melódica, *Uma Canção Desnaturada* está mais próxima da *passionalização*.

Entretanto, ainda que a *passionalização* seja dominante, a melodia que recobre cada uma das estrofes da letra da canção é praticamente a mesma, o que chega a criar uma certa previsibilidade. Podemos associar essa previsibilidade à manifestação passional contínua do transgressor, o que faz com que, mais uma

---

17. Os três versos iniciais de cada estrofe comprovam que os comparsas de Max estão modalizados pelo /não saber fazer/.

À GUISA DE CONCLUSÃO

vez, a melodia intensifique o conteúdo passional veiculado pela letra. De fato, o "sentimento de falta" que caracteriza as canções *passionais* está presente em *Uma Canção Desnaturada* e, como a transgressão não se realiza nesse caso, a canção termina com uma melodia – que recobre os últimos cinco versos da canção – completamente diferente da do resto da canção. Essa última linha melódica, marcada por uma grande imprevisibilidade, ressalta que, embora a manifestação passional seja contínua, a impossibilidade de realizar a transgressão acaba se sobrepondo e colocando fim às previsibilidades da melodia.

A análise melódica de *Mar e Lua* e *Uma Canção Desnaturada*, apesar de alguns pontos em comum, configura duas situações musicais distintas. Daí a ideia de que cada manifestação específica da transgressão vai exigir uma melodia capaz de intensificar os conflitos vividos pelo transgressor. A análise de *Não Sonho Mais* confirma essa tese.

5. *Não Sonho Mais*

Das três canções analisadas neste trabalho, a que condensa a maior complexidade enunciativa é, sem dúvida alguma, *Não Sonho Mais*. O fato de o texto dividir-se em dois planos (o do sonho e o da realidade) e de esses planos se influenciarem mutuamente dificulta bastante a tarefa do analista, pois é complicado precisar o que está associado ao sonho e o que diz respeito à realidade.

Numa leitura ainda superficial, podemos considerar que a mulher quer se vingar do homem, com requintes de crueldade. No plano da realidade, teríamos um caso de *Transgressão 1*, pois o percurso da transgressão não se realiza: o /dever/ se sobrepõe ao /querer/ e a submissão da mulher não permite que ela vença

CHICO BUARQUE – A TRANSGRESSÃO EM TRÊS CANÇÕES

as imposições sociais que estariam condenando seus desejos de vingança. Nem se atingiria a fase da competência. Já no plano do sonho, teríamos um caso de *Transgressão 4*, pois o transgressor chega à conjunção com o objeto de valor no momento em que o actante masculino é assassinado: o /querer/, nesse caso, vence o /dever/ e a mulher abandona sua posição de submissão. Vale dizer que essas duas interpretações desconsideram a hipótese de essa vingança poder ser aceita socialmente, como aconteceu em *O Conde de Monte Cristo*, até porque essa hipótese, para ser válida, precisaria de alguns elementos textuais que a sugerissem[18]. Não os há. Embora, no plano do sonho, afirme-se que havia "justiça" naqueles castigos, não é possível inferir que essa justiça está em conformidade com os valores sociais institucionalizados, afinal a justiça do transgressor pode não ser a mesma do grupo social dominante.

Independentemente de a vingança de *Não Sonho Mais* ser justa ou não, o fato é que analisar o percurso da transgressão na canção vai além de reconhecer a existência de dois planos narrativos. Na verdade, embora a transgressão se realize textualmente na narrativa do sonho, os sonhos não são reais e, por esse motivo, numa perspectiva ontológica, a transgressão proposta no sonho é virtualizada, interpretação corroborada pela ideia de que o sonho é enunciado sob a mediação do plano da realidade. Em outras palavras, a realização da transgressão é virtual, pois, embora os impulsos vingativos se estendam para a realidade, a transgressão na sua forma realizada fica restrita ao universo onírico.

Desse modo, a transgressão de *Não Sonho Mais* é virtualizada não porque uma das três impossibilidades[19] se manifestou, e sim

18. Não estamos aqui considerando os dados contextuais de *República dos Assassinos* (cf. item 6 do capítulo 5).
19. Cf. item 3 do capítulo 24.

À GUISA DE CONCLUSÃO

porque ela está inserida na narrativa de um sonho. Em relação ao plano da realidade, não é possível precisar se ela vai acontecer ou não.

Partindo, então, da certeza de que os desejos do transgressor se estendem para a realidade, podemos dizer que, no plano real, o /querer/ se impõe sobre o /dever/, o que nos obriga a aceitar que a submissão da mulher é, na verdade, irônica. Nessa perspectiva, *Não Sonho Mais* é uma ameaça ao homem (por isso, dissemos que sonho funciona como uma estratégia argumentativa), pois pressupõe que, assim como os ímpetos transgressores se desdobram sobre a realidade, a consolidação do percurso da transgressão também pode deixar o universo onírico e – com a vênia da aparente redundância – realizar-se na realidade. Nessa canção, portanto, não é pertinente considerar a transgressão realizada ou virtualizada no plano da realidade, já que o texto dá mostras de que a sequência narrativa pode continuar, embora o que foi enunciado não passe de um presságio do que ainda pode vir a acontecer.

Em relação à melodia, encontramos diferenças substanciais entre *Não Sonho Mais* e as outras duas canções analisadas. Nessa canção, a melodia é extremamente previsível: existem dois núcleos melódicos que se alternam regularmente, e ambos são marcados pela *tematização*. Isso pode ser justificado pelo próprio fato de, das dez estrofes da letra da canção, seis delas tratarem da realização da transgressão na narrativa do sonho. Como essa narrativa não apresenta grandes conflitos de natureza psicológica, afinal, no sonho, a mulher e os demais agentes das punições estão determinados a consolidar a vingança, os elementos melódicos *temáticos* parecem perfeitamente adequados para revestir essa estrutura passional. Além disso, o andamento da canção é marcado pela aceleração, que se caracteriza por

CHICO BUARQUE – A TRANSGRESSÃO EM TRÊS CANÇÕES

eliminar as distâncias e, por extensão, os percursos que vinculam gradativamente o sujeito ao objeto. As proximidades dos elementos aguçam as coincidências e similaridades, bem como os contrastes que se manifestam nas formas [...] do desdobramento e da segunda parte[20].

O andamento acelerado[21] de *Não Sonho Mais* reforça, assim, a inexorabilidade do desejo de transgressão, que – como analisamos no plano da letra – estende-se para o território da realidade.

6. Palavras Finais

Para justificar estas palavras finais, comecemos com Machado:

> Que isto de método, sendo, como é, uma cousa indispensável, todavia é melhor tê-lo sem gravata nem suspensório, mas um pouco à fresca e à solta, como quem não se lhe dá da vizinha fronteira, nem do inspetor do quarteirão[22].

Abrindo mão, momentaneamente, do efeito de sentido de objetividade dos trabalhos científicos, encerremos, "sem gravata nem suspensório", nossas reflexões com três considerações, que envolvem explícitos juízos de valor.

Em primeiro lugar, é bom lembrar que sempre haverá quem discorde da ideia de que a canção popular faz jus à posição de

---

20. Luiz Tatit, *Semiótica da Canção*, p. 95.
21. Luiz Tatit também mostra que uma mesma canção pode ser "recriada", a partir de uma mudança de andamento (*idem*, pp. 94-96). Isso aconteceu com *Não Sonho Mais*. Em Solar, disco em homenagem aos seus vinte anos de carreira, Elba Ramalho gravou, com parceria vocal de Chico Buarque, uma versão desacelerada dessa canção. Essa versão foi incluída posteriormente na coletânea Duetos, lançada por Chico em 2002 (cf. nota 68 do capítulo 5).
22. Machado de Assis, *Memórias Póstumas de Brás Cubas*, p. 41.

À GUISA DE CONCLUSÃO

destaque que ela ocupa em nosso cenário cultural, discordância que revela o preconceito de acordo com o qual o cancionista não mereceria o mesmo estatuto de romancistas, contistas, cronistas e poetas consagrados do universo literário. Pode ser que essas pessoas tenham sua dose de razão, mas o fato é que, pelo menos em relação a Chico Buarque (cujas canções foram o centro de nossas discussões), até Antonio Candido já lhe fez elogios diretos[23]. Não apenas pelos elogios de uma autoridade, mas sobretudo pelo requinte das composições aqui analisadas, temos a convicção de que a canção popular não deve em nada às manifestações literárias mais tradicionais. É inegável que uma afirmação como essa ainda pode criar polêmicas, mas não assumi-la seria ainda mais digno de censura. Com efeito, um pouco de transgressão não faz mal a ninguém.

Em segundo lugar, num trabalho como este, sempre há o risco de haver críticas, até mesmo por parte de alguns estudiosos das Humanidades, em relação aos supostos excessos da metalinguagem da Linguística e Semiótica, que tornariam as análises extremamente complexas e, por isso, inacessíveis a alguns pesquisadores. Na hipótese de essas críticas existirem, vale a pena ficar com o conselho de Eco:

> [...] não se preocupe se alguns dizem que falamos difícil: eles poderiam ter sido encorajados a pensar fácil demais pela "revelação" da mídia, previsível por definição. Que aprendam a pensar difícil, pois nem o mistério, nem a evidência são fáceis[24].

Por fim, vale dizer que os oitenta anos de Chico Buarque, que acabaram por estimular a publicação deste trabalho, são um bálsamo para quem defende a ciência, a arte e a universidade pública.

---

23. Cf. Almir Chediak, *Songbook – Chico Buarque*, vol. 3, p. 8.
24. Umberto Eco & Carlo Maria Martini, *Em que Creem os que Não Creem?*, p. 81.

CHICO BUARQUE – A TRANSGRESSÃO EM TRÊS CANÇÕES

Depois de tanta mutreta, de tanta cascata, de tanta derrota, de tanta demência e de uma dor filha da puta, estamos aqui: mantendo o rumo e a cadência, desconjurando a ignorância, desmantelando a força bruta e puxando um samba. Que tal?

* * * * *

Apêndice
Letras e Esquemas Melódicos das Canções Analisadas

1. Mar e Lua

Gravação original da canção: LP VIDA (Philips, 1980), produzido por Sérgio de Carvalho, com arranjos e regências de Francis Hime.

Amaram o amor urgente,
As bocas salgadas
Pela maresia,
As costas lanhadas
Pela tempestade,
Naquela cidade
Distante do mar.

Amaram o amor serenado
Das noturnas praias,
Levantavam as saias
E se enluaravam
De felicidade,

Naquela cidade
Que não tem luar.

Amavam o amor proibido,
Pois hoje é sabido,
Todo mundo conta
Que uma andava tonta,
Grávida de lua,
E outra andava nua,
Ávida de mar.

E foram ficando marcadas,
Ouvindo risadas,
Sentindo arrepios,
Olhando pro rio,
Tão cheio de lua,
E que continua
Correndo pro mar.

E foram correnteza abaixo,
Rolando no leito,
Engolindo água,
Boiando com as algas,
Arrastando folhas,
Carregando flores
E a se desmanchar.

E foram virando peixes,
Virando conchas,
Virando seixos,
Virando areia,
Prateada areia,
Com lua cheia
E à beira-mar.

APÊNDICE

Esquema melódico

maram o amor

urgen
te as bocas

salga

das pela ma
resi

a as costas

A   lanha

das pela tem

maram o amor se

nado das notur

do   re   nas praias le
cida   mar

de   te

la

pesta   distan   A

de   que

na

	ma
vanta	
saias e se enlu	
vam as	
aravam de feli	
cidade naquela	
cidade que não tem luar	
	A

vam o amor proi   sa
bi do pois   je é   do
ho   bido to   mun   va
do   conta que uma anda
tonta grávida

	foram ficando
de	marca
va	das ouvindo
	risa
lua e outra anda nua ávida de	das sentin
mar	
	E

APÊNDICE

	fo
pro	
tinu mar	
a do	
do a con	
rrepi	
os olhando de lu corren	E
pro ri a que	
o tão cheio	
e	

ram corrente
baixo rolando
za a   no leito engolin
do água boiando
com as algas arrastan
do

	do
	foram viran do
	peixes ran
	vi conchas
	vi
folhas carregan	
do flores e a se desmanchar	
	E

CHICO BUARQUE – A TRANSGRESSÃO EM TRÊS CANÇÕES

do	da a		
ran	do a	a	ra
seixos ran			
vi			
reia pratea			
reia com lu cheia e à bei			
	mar		

APÊNDICE

2. Uma Canção Desnaturada

Gravação original da canção: lp Ópera do Malandro (Philips, 1979), produzido por Sérgio de Carvalho, com arranjos e regências de Francis Hime.

Por que cresceste, curuminha,
Assim depressa e estabanada?
Saíste maquilada
Dentro do meu vestido.
Se fosse permitido,
Eu revertia o tempo
Pra reviver a tempo
De poder

Te ver as pernas bambas, curuminha,
Batendo com a moleira,
Te emporcalhando inteira,
E eu te negar meu colo.
Recuperar as noites, curuminha,

CHICO BUARQUE – A TRANSGRESSÃO EM TRÊS CANÇÕES

Que atravessei em claro,
Ignorar teu choro
E só cuidar de mim.

Deixar-te arder em febre, curuminha,
Cinquenta graus, tossir, bater o queixo,
Vestir-te com desleixo,
Tratar uma ama-seca,
Quebrar tua boneca, curuminha,
Raspar os teus cabelos
E ir te exibindo pelos
Botequins.

Tornar azeite o leite
Do peito que mirraste,
No chão que engatinhaste,
Salpicar mil cacos de vidro.
Pelo cordão perdido
Te recolher pra sempre
À escuridão do ventre, curuminha,
De onde não deverias
Nunca ter saído.

Esquema melódico

							ma			
							quila			
									da den	
que	sces	cu	minha	ssim	pressa	ta	nada sa	te		tro
Por	cre	te	ru	a	de	e es	ba	ís		

236

APÊNDICE

			per						
			miti						
				ti					
meu			do eu	ver	a o				
			re						
ves				tem					
do	ti			po pra reviver a tem	de	der			
	do se	sse			po	po			
	fo								

					lhan				
					do intei				
Te						ra			
ver	per	bam	cu	minha	ten	com a	leira te em	ca	
as	nas	bas	ru	ba	do	mo	por		

		rar							
		as noi							
				ssei					
gar			tes cu	minha que a	ve	em			
			ru	tra					
meu				cla					
e eu ne	co				ro ignorar				
te	lo re	pe							
	cu								

CHICO BUARQUE – A TRANSGRESSÃO EM TRÊS CANÇÕES

```
teu cho    só    dar
    ro e   cui   de mim  │  xar    der   fe    cu   minha   quen   graus   ssir
                         │  Dei  te ar   em   bre   ru      cin    ta      to
```

```
                                              a
                                             bone

            com              ma a                      ca cu    minha
                                                        ru
                  deslei            ma

                        xo tra   u       se
    ter  queixo ves  te              tar          ca que    tu
ba   o        tir                               brar
```

```
        teus
ras    os    ca
par
       be

        los e ir te exibindo pe    bo   quins
                      los   te              │  nar   zei   leite   pei   que
                                            │  Tor   a   te o    do   to
```

238

APÊNDICE

dão

perdi

ga   cos   do te

tinhas   de

te sal   car   ca   vi   pe   cor

rraste no   que en   pi   mil   dro   lo

mi   chão

lher

pra sem   dão

pre   do ven

de

tre cu   minha

ru   de on   não   veri   ter

de   as   ca   í

co   nun

re   do

à es   ri   sa

cu

APÊNDICE

3. *Não Sonho Mais*

Gravação original da canção: LP VIDA (Philips, 1980), produzido por Sérgio de Carvalho, com arranjos e regências de Francis Hime.

Hoje eu sonhei contigo,
Tanta desdita, amor,
Nem te digo,
Tanto castigo
Que eu tava aflita
De te contar.

Foi um sonho medonho,
Desses que, às vezes,
A gente sonha
E baba na fronha
E se urina toda
E quer sufocar.

Meu amor, vi chegando
Um trem de candango,
Formando um bando,
Mas que era um bando
De orangotango
Pra te pegar.

Vinha nego humilhado,
Vinha morto-vivo,
Vinha flagelado,
De tudo que é lado
Vinha um bom motivo
Pra te esfolar.

Quanto mais tu corria,
Mais tu ficava,
Mais atolava,
Mais te sujava,
Amor, tu fedia.
Empestava o ar.

Tu, que foi tão valente,
Chorou pra gente,
Pediu piedade,
E, olha que maldade,
Me deu vontade
De gargalhar.

Ao pé da ribanceira,
Acabou-se a liça,
E escarrei-te inteira
A tua carniça,
E tinha justiça
Nesse escarrar.

APÊNDICE

Te rasgamo a carcaça,
Descemo a ripa,
Viramo as tripa,
Comemo os ovo,
Ai, e aquele povo
Pôs-se a cantar.

Foi um sonho medonho,
Desses que, às vezes,
A gente sonha
E baba na fronha
E se urina toda
E já não tem paz.

Pois eu sonhei contigo
E caí da cama,
Ai, amor, não briga,
Ai, não me castiga,
Ai, diz que me ama
E eu não sonho mais.

Esquema melódico

		ta de
Hoje eu sonhei contigo tanta	go tan to	
des	cãs	
di	ti	
ta a mor nem te di	go que eu ta	
	va afli	

CHICO BUARQUE – A TRANSGRESSÃO EM TRÊS CANÇÕES

de te	
	Foi um sonho medonho desses nha e baba
	que às na
contar	ve fro
	zes a gen te so nha

da e quer su	
	Meu amor vi chegando um trem de candango
fo car	
e se u ri	
na to	

te	
pra gar	
formando um bando mas que era um bando de orangotango pe	Vinha nego

APÊNDICE

	vo pra
humilhado vinha morto-vivo vinha flagelado de tudo que é lado vinha um bom moti	

te es			
	Quanto mais tu corria mais tu	va mais te	
	fi		su
folar			
	ca		ja
	va mais atola	va amor tu	

a empes			
	Tu que foi tão valente chorou	dade e olha que	
	pra		
va o ar	gen		
	te pediu pieda		
fedi			

CHICO BUARQUE – A TRANSGRESSÃO EM TRÊS CANÇÕES

de de gar	
	Ao pé da ribanceira acabou-se a liça e escarrei-te
mal	
da galhar	
de me deu	
vonta	

sse es	
ne rrar	
inteira a tua carniça e tinha justiça ca	Te rasgamo a carcaça descemo a ripa

pôs-se a	
viramo as tripa comemo os ovo ai e aquele povo	Foi um sonho medonho
cantar	

APÊNDICE

	da e já não	
desses	nha e baba	paz	Pois
que às	na	tem
ve	fro	
zes a gente so	nha e se uri	
	na to	

	ma
eu sonhei contigo e caí	ga ai não me
da	cas
ca	ti
ma ai amor não bri	ga ai diz que
	me a

e eu não so
nho mais

247

Referências Bibliográficas

ALBIN, Ricardo Cravo. MPB – *a História de um Século*. Rio de Janeiro, Funarte, São Paulo, Atração Produções Ilimitadas, 1997.

ALENCAR, José de. *O Guarani*. Cotia-SP, Ateliê Editorial, 1999.

ALI, Manuel Said. *Versificação Portuguesa*. São Paulo, Edusp, 1999.

ARISTÓTELES. *Poética*. São Paulo, Ars Poética, 1993.

ASSIS, Machado de. *Memórias Póstumas de Brás Cubas*. Rio de Janeiro, Garnier, 1993.

AZEVEDO, Álvares de. *Lira dos Vinte Anos*. Cotia-SP, Ateliê Editorial, 1999.

BACHELARD, Gaston. *A Dialética da Duração*. São Paulo, Ática, 1994.

BAKTHIN, Mikhail. *Marxismo e Filosofia da Linguagem*. São Paulo, Hucitec, 1997.

_____. *Problemas da Poética de Dostoiévski*. São Paulo, Forense Universitária, 1997.

_____. *A Cultura Popular na Idade Média e no Renascimento – o Contexto de François Rabelais*. São Paulo/Brasília, Hucitec/Editora da Unb, 1999.

BARROS, Diana Luz Pessoa de. *Teoria do Discurso: Fundamentos Semióticos*. São Paulo, Atual, 1988.

_____. "Paixões e Apaixonados: Exame Semiótico de Alguns Percursos". *Cruzeiro Semiótico*. Porto, APS, 1989-1990, 11-12, pp. 60-73.

_____. *Teoria Semiótica do Texto*. São Paulo, Ática, 1999.

_____. & FIORIN, José Luiz (orgs.) *Dialogismo, Polifonia e Intertextualidade*. São Paulo, Edusp, 1994.

BARTHES, Roland. "Introduction à l'Analyse Structurale des Récits". *Poétique du Récit*. Paris, Seuil, 1977, pp. 7-57.

_____. *O Óbvio e o Obtuso*. Lisboa, Edições 70, 1984.

_____. *O Prazer do Texto*. Lisboa, Edições 70, 1997.

BENVENISTE, Émile. *Problemas de Linguística Geral II*. Campinas, Pontes, 1989.

_____. *Problemas de Linguística Geral I*. Campinas, Pontes/Editora da Unicamp, 1995.

BERNARDINO, Maria Cleide Rodrigues et. al. "O Sujeito Homoerótico Feminino em Chico Buarque: Análise de 'Bárbara' e 'Mar e Lua'". *Magistro*, vol. 1, n. 5, Rio de Janeiro, jul. 2012, pp. 104-114. Internet.

BERTRAND, Denis. *Caminhos da Semiótica Literária*. Bauru, Edusc, 2003.

BRANCO, Camilo Castelo. *Amor de Perdição*. São Paulo, Ática, 1998.

BRITO, João Batista de. "Chico Buarque no Cinema". *In*: FERNANDES, Rinaldo de (org.). *Chico Buarque do Brasil*. Rio de Janeiro, Garamond/Fundação Biblioteca Nacional, 2004.

BUARQUE, Chico. *Ópera do Malandro*. São Paulo, Cultura, 1980.

_____. *Letra e Música*. São Paulo, Companhia das Letras, 1989.

_____. *Tantas Palavras*. São Paulo, Companhia das Letras, 2006.

_____. & GUERRA, Rui. *Calabar – o Elogio da Traição*. São Paulo, Círculo do Livro, 1975.

_____. & PONTES, Paulo. *Gota d'Água*. Rio de Janeiro, Civilização Brasileira, 1998.

CALBUCCI, Eduardo. "Modalidade, Paixão e Aspecto". *Estudos Semióticos* [*on-line*], vol. 5, n. 2, São Paulo, nov. 2009, pp. 70-78. Internet.

_____. *A Enunciação em Machado de Assis*. São Paulo, Nankin/Edusp, 2010.

CÂMARA Jr., Joaquim Mattoso. *Estrutura da Língua Portuguesa*. Petrópolis, Vozes, 2000.

CARVALHO, Gilberto de. *Chico Buarque: Análise Poético-musical*. Rio de Janeiro, Codecri, 1982.

CHEDIAK, Almir. *Songbook – Chico Buarque*, 4 vols. Rio de Janeiro, Lumiar, 1999.

COURTÉS, Joseph. *Introduction à la Sémiotique Narrative et Discursive*. Paris, Hachette, 1976.

_____. *Analyse Sémiotique du Discours*. Paris, Hachette, 1991.

CULLER, Jonathan. *Teoria Literária – uma Introdução*. São Paulo, Beca, 1999.

CUNHA, Celso & CINTRA, Lindley. *Nova Gramática do Português Contemporâneo*. Rio de Janeiro, Nova Fronteira, 1985.

DICIONÁRIO GROVE DE MÚSICA, editado por Stanley Sadie. Rio de Janeiro, Zahar, 1994.

DIETRICH, Peter. *Semiótica do Discurso Musical: uma Discussão a Partir das Canções de Chico Buarque*. Tese (Faculdade de Filosofia, Letras e Ciências Humanas). Universidade de São Paulo, São Paulo, 2008.

DISCINI, Norma. *O Estilo nos Textos*. São Paulo, Contexto, 2003.

DUBOIS, Jean et. al. *Dicionário de Linguística*. São Paulo, Cultrix, 2001.

DUCROT, Oswald. *Princípios de Semântica Linguística*. São Paulo, Cultrix, 1977.

_____. & TODOROV, Tzvetan. *Dicionário Enciclopédico das Ciências da Linguagem*. São Paulo, Perspectiva, 1998.

REFERÊNCIAS BIBLIOGRÁFICAS

DUMAS, Alexandre. *Le Comte de Monte-Cristo*, 2 vols. Paris, Pocket, 1995.

EAGLETON, Terry. *Teoria da Literatura: uma Introdução*. São Paulo, Martins Fontes, 2006.

ECO, Umberto. *Seis Passeios pelos Bosques da Ficção*. São Paulo, Companhia das Letras, 1994.

_____. *Os Limites da Interpretação*. São Paulo, Perspectiva, 2000.

_____. & MARTINI, Carlo Maria. *Em que Creem os que Não Creem?* Rio de Janeiro, Record, 2001.

ENCICLOPÉDIA DA MÚSICA BRASILEIRA. São Paulo, Art Editora/Publifolha, 1998.

FERNANDES, Rinaldo de (org.). *Chico Buarque do Brasil*. Rio de Janeiro, Garamond/ Fundação Biblioteca Nacional, 2004.

FIORIN, José Luiz. "A Noção de Texto na Semiótica", cópia xerografada, 1994a.

_____. "Polifonia Textual e Discursiva". *In*: BARROS, Diana Luz Pessoa de & FIORIN, José Luiz (orgs.). *Dialogismo, Polifonia, Intertextualidade*. São Paulo, Edusp, 1994.

_____. *As Astúcias da Enunciação*. São Paulo, Ática, 1999.

_____. *Elementos de Análise do Discurso*. São Paulo, Contexto, 2000.

_____. *Em Busca do Sentido: Estudos Discursivos*. São Paulo, Contexto, 2008.

_____. *Figuras de Retórica*. São Paulo, Contexto, 2014.

_____. (org.). *Introdução à Linguística I – Objetos Teóricos*. São Paulo, Contexto, 2002.

_____. (org.). *Introdução à Linguística II – Princípios de Análise*. São Paulo, Contexto, 2003.

FONTANILLE, Jacques. *Sémiotique du Discours*. Limoges, Presses Universitaires de Limoges, 1998.

_____. *Sémiotique et Littératuture: Essais de Méthode*. Paris, Presses Universitaires de France, 1999.

_____. *Pratiques Sémiotiques*. Paris, Presses Universitaires de France, 2008.

_____. *Corps et Sens*. Paris, Presses Universitaires de France, 2011.

_____. & ZILBERBERG, Claude. *Tensão e Significação*. São Paulo, Discurso Editorial/ Humanitas, 2001.

FONTES, Maria Helena Sansão. *Sem Fantasia: Masculino-Feminino em Chico Buarque*. Rio de Janeiro, Graphia, 2003.

GENETTE, Gérard. *Discurso da Narrativa*. Lisboa, Vega, 1995.

GREIMAS, Algirdas Julien. *Du Sens*. Paris, Seuil, 1970.

_____. *En Torno al Sentido: Ensayos Semióticos*. Madrid, Fragua, 1973.

_____. *Semiótica e Ciências Sociais*. São Paulo, Cultrix, 1981.

_____. *Du Sens II*, Paris, Seuil, 1983.

_____. (org.). *Ensaios de Semiótica Poética*. São Paulo, Cultrix/Edusp, 1975.

_____. & COURTÉS, Joseph. *Dicionário de Semiótica*. São Paulo, Cultrix, 1983.

_____. & COURTÉS, Joseph. *Sémiotique – Dictionnaire Raisonné de la Théorie du Langage II*. Paris, Hachette, 1986.

CHICO BUARQUE – A TRANSGRESSÃO EM TRÊS CANÇÕES

_____. & FONTANILLE, Jacques. *Semiótica das Paixões*. São Paulo, Ática, 1993.

HARVEY, Paul. *Dicionário Oxford de Literatura Clássica – Grega e Latina*. Rio de Janeiro, Zahar, 1987.

HJELMSLEV, Louis. *Prolegómenos a una Teoría del Lenguaje*. Madrid, Gredos, 1971.

_____. *Ensaios Linguísticos*. São Paulo, Perspectiva, 1991.

HORÁCIO. *Sátiras, Epístolas, Arte Poética*. Madrid, Cátedra, 1996.

JAKOBSON, Roman. *Linguística e Comunicação*. São Paulo, Cultrix, 1991.

LANDOWSKI, Eric. *A Sociedade Refletida*. São Paulo, Educ/Pontes, 1992.

_____. *Presenças do Outro*. São Paulo, Perspectiva, 2002.

LAUSBERG, Heinrich. *Elementos de Retórica Literária*. Lisboa, Fundação Calouste Gulbenkian, 1965.

_____. *Manual de Retórica Literária*, 3 vols. Madrid, Gredos, 1990.

LIMA, Carlos Henrique da Rocha. *Gramática Normativa da Língua Portuguesa*. Rio de Janeiro, José Olympio, 1994.

LOPES, Edward. *Fundamentos de Linguística Contemporânea*. São Paulo, Cultrix, 1997a.

_____. *A Identidade e a Diferença: Raízes Históricas das Teorias Estruturais da Narrativa*. São Paulo, Edusp, 1997b.

LOPES, Ivã Carlos. "Extensidade, Intensidade e Valorações em Alguns Poemas de Antonio Cicero". *In*: LOPES, Ivã Carlos & HERNANDES (orgs.). *Semiótica: Objetos e Práticas*. São Paulo, Contexto, 2005.

MACIEL, Diógenes André Vieira. "O Teatro de Chico Buarque". *In*: FERNANDES, Rinaldo de (org.). *Chico Buarque do Brasil*. Rio de Janeiro, Garamond/Fundação Biblioteca Nacional, 2004.

MAINGUENEAU, Dominique. *Elementos de Linguística para o Texto Literário*. São Paulo, Martins Fontes, 1996a.

_____. *Pragmática para o Discurso Literário*. São Paulo, Martins Fontes, 1996b.

_____. *O Contexto da Obra Literária*. São Paulo, Martins Fontes, 2001.

MENESES, Adélia Bezerra de. *Figuras do Feminino na Canção de Chico Buarque*. Cotia-SP, Ateliê Editorial, 2001.

MOISÉS, Massaud. *Dicionário de Termos Literários*. São Paulo, Cultrix, 1995.

MORAES, Letícia. "A Noção de Texto na Semiótica: do Texto-absoluto ao Texto-objeto". *Estudos Semióticos* [*on-line*], vol. 16, n. 3, São Paulo, dez. 2020, pp. 233-250.

PEREIRA, Gabriel da Cunha. *Imaginando o Brasil: o Teatro de Chico Buarque e Outras Páginas*. Curitiba, Appris, 2015.

PERELMAN, Chaïm. *Enciclopédia Einaudi* – verbete "Argumentação". Lisboa, Imprensa Nacional – Casa da Moeda, vol. 11 (oral/escrito – argumentação), 1987. pp. 234-265.

_____. & OLBRECHTS-TYTECA, Lucie. *Tratado de Argumentação – a Nova Retórica*. São Paulo, Martins Fontes, 1996.

REFERÊNCIAS BIBLIOGRÁFICAS

PESSOA, Fernando. *Mensagem (À Memória do Presidente-Rei Sidónio Pais/Quinto Império/Cancioneiro)*. Rio de Janeiro, Nova Fronteira, 1981.

PROPP, Vladimir. *Morphologie du Conte*. Paris, Seuil, 1970.

QUEIRÓS, Eça de. *O Crime do Padre Amaro*. São Paulo, Ática, 1998.

RASTIER, François. *Arts et Sciences du Texte*. Paris, Presses Universitaires de France, 2001.

ROCHA, Eduardo Marcelo Silva. *República dos Assassinos: o Esquadrão da Morte Carioca no Cinema*. Dissertação (Mestrado Interdisciplinar em Cinema e Narrativas Sociais). Universidade Federal de Sergipe, São Cristóvão, 2021.

SAUSSURE, Ferdinand de. *Curso de Linguística Geral*. São Paulo, Cultrix, 1993.

SEVERIANO, Jairo & MELLO, Zuza Homem de. *A Canção no Tempo: 85 Anos de Músicas Brasileiras, vol. I: 1901-1957*. São Paulo, Editora 34, 1997.

_____. *A Canção no Tempo: 85 Anos de Músicas Brasileiras, vol. II: 1958-1985*. São Paulo, Editora 34, 1998.

TATIT, Luiz. *O Cancionista – Composição de Canções no Brasil*. São Paulo, Edusp, 1996.

_____. *Musicando a Semiótica: Ensaios*. São Paulo, Annablume, 1997.

_____. *Semiótica da Canção*. São Paulo, Escuta, 1999.

_____. *Análise Semiótica Através das Letras*. Cotia-SP, Ateliê Editorial, 2001.

_____. *O Século da Canção*. Cotia-SP, Ateliê Editorial, 2004.

_____. *Todos Entoam: Ensaios, Conversas e Canções*. São Paulo, Publifolha, 2007.

_____. *Passos da Semiótica Tensiva*. Cotia-SP, Ateliê Editorial, 2019.

_____. & LOPES, Ivã Carlos. *Elos de Melodia e Letra: Análise Semiótica de Seis Canções*. Cotia-SP, Ateliê Editorial, 2008.

TOSI, Renzo. *Dicionário de Sentenças Latinas e Gregas*. São Paulo, Martins Fontes, 2000.

VALÉRY, Paul. *Variedades*. São Paulo, Iluminuras, 1999.

WERNECK, Humberto. "Gol de Letras". *In*: BUARQUE, Chico. *Letra e Música*. São Paulo, Companhia das Letras, 1989.

WISNIK, José Miguel. "Cajuína Transcendental". *In*: BOSI, Alfredo (org.). *Leitura de Poesia*. São Paulo, Ática, 1996.

_____. *O Som e o Sentido*. São Paulo, Companhia das Letras. 1999.

WORMS, Luciana & COSTA, Wellington Borges. *Brasil Século XX: ao Pé da Letra da Canção Popular*. Curitiba, Nova Didática, 1999.

ZAPPA, Regina. *Para Seguir Minha Jornada: Chico Buarque*. Rio de Janeiro: Nova Fronteira, 2011.

ZILBERBERG, Claude. *Essai sur les Modalités Tensives*. Amsterdam, John Benjamins BV, 1981.

_____. "Relative du Rythme". *In*: PROTÉE – *Théories et Pratiques Sémiotiques*, Département des Arts et Lettres de l'Université du Quebec à Chicontimi, vol. 18, n. 1, 1990, pp. 37-46.

CHICO BUARQUE – A TRANSGRESSÃO EM TRÊS CANÇÕES

_____. "De l'Afect à la Valeur". In: CASTELLANA, Marcello (org.) *Texte et Valeur*. Paris, L'Harmattan, 2001, pp. 3-62.

_____. Précis de Grammaire Tensive. *Tangence*: "La Science des Écrivans" (preparado por Jean-François Chassay). Quebec, Presses de l'Université du Québec, n. 70, 2002, pp. 4-41.

_____. *Razão e Poética do Sentido*. São Paulo, Edusp, 2006.

_____. *Elementos de Semiótica Tensiva*. Cotia-SP, Ateliê Editorial, 2011.

OUTRAS FONTES DE PESQUISA

DICIONÁRIO HOUAISS DA LÍNGUA PORTUGUESA. São Paulo, Objetiva, 2001.

Encarte do LP ÓPERA DO MALANDRO, Chico Buarque, vários cantores, Philips, 1979.

Encarte do LP VIDA, Chico Buarque, Philips, 1980.

Encarte do LP ÓPERA DO MALANDRO – TRILHA SONORA DO FILME, Chico Buarque, vários cantores, Barclay, 1985.

LE PETIT ROBERT. Paris, Dictionnaires Le Robert, 1996.

Programa (s.d.) da *Ópera do Malandro* feito pelo TBC durante a montagem paulista da peça em 2000, São Paulo, sem editora.

Programa de concerto da Orquestra Sinfônica do Estado de São Paulo (jun. 2001).

Programa de concerto da Orquestra Sinfônica do Estado de São Paulo (maio 2002).

Site oficial de Chico Buarque: www.chicobuarque.com.br

VOCABULÁRIO ORTOGRÁFICO DA LÍNGUA PORTUGUESA. Rio de Janeiro, ABL, 1999.

Título	Chico Buarque – *A Transgressão em Três Canções*
Autor	Eduardo Calbucci
Editor	Plinio Martins Filho
Produção Editorial	Carlos Gustavo Araújo do Carmo
Editoração Eletrônica	Camyle Cosentino
Capa	Casa Rex
Papel de Miolo	Chambril Avena 70g/m²
Papel de Capa	Cartão Supremo 250g/m²
Formato	13,8 x 21 cm
Número de Páginas	256
Tipologia	Minion Pro
Impressão	Lis Gráfica